文旅融合·共享发展
房车营地营建策略

WENLÜ RONGHE GONGXIANG FAZHAN
FANGCHE YINGDI YINGJIAN CELÜE

王 琳 ◎ 著

中国纺织出版社有限公司

内 容 提 要

我国旅游业正处在从高速发展转向高质量发展的关键阶段，房车营地作为实现转型的空间实践之一，蕴含着强劲的经济活力、创新力和竞争力。就我国当前的房车营地发展而言，营建技术和标准与国际先进水平相比并没有明显的差距，但在营建模式上必须进行探索与创新。因此，本书引入共享发展理念，以全域化的营建视角和高质量的营建原则，研究房车营地区域性生成机制，创新发展房车营地的理论体系，提出房车营地的三种创新营建模式：乡村的集群共享策略、城市游憩中心地的让渡共享策略和生态敏感区的调适共享策略。以此促使房车营地能以更高的效率和更好的质量走出适合我国国情的可持续发展之路。

本书可供文旅投资者和相关从业者阅读参考。

图书在版编目（CIP）数据

文旅融合·共享发展：房车营地营建策略 / 王琳著. 北京：中国纺织出版社有限公司，2024.12. -- ISBN 978-7-5229-2235-5

Ⅰ．F592.3

中国国家版本馆 CIP 数据核字第 2024LW9550 号

责任编辑：郭 沫　　责任校对：寇晨晨　　责任印制：王艳丽

中国纺织出版社有限公司出版发行
地址：北京市朝阳区百子湾东里 A407 号楼　邮政编码：100124
销售电话：010—67004422　传真：010—87155801
http://www.c-textilep.com
中国纺织出版社天猫旗舰店
官方微博 http://weibo.com/2119887771
天津千鹤文化传播有限公司印刷　各地新华书店经销
2024 年 12 月第 1 版第 1 次印刷
开本：710×1000　1/16　印张：13
字数：210 千字　定价：79.00 元

凡购本书，如有缺页、倒页、脱页，由本社图书营销中心调换

前　言

我国正处于经济社会转型期，文化和旅游融合与高质量发展成为新时代旅游业的核心目标，全国各地全力推动"旅游革命"，加快推进旅游转型升级。如何在满足人民的休闲娱乐需求、带动地方产业发展，并能从公共突发事件和灾害中快速恢复，成为旅游业高质量发展的重要内容。在这一关键时期，露营旅游以其强劲的经济活力、创新力和包容力成为实现旅游业转型的空间实践之一。随着"露营+"模式的落地，不断增多的场景和业态使露营旅游有了更多的可能性。以带着家人亲近自然为出发点，容生态观光、家庭聚会、休闲运动等个性化体验为特点的露营旅游，成为近几年全国人民最热衷的旅游形式之一。

面对方兴未艾的露营产业"风口"，不同形式的露营地如雨后春笋般在全国各地建设起来。然而，巨大的需求缺口使建设者们来不及理性思考现实问题，就直接套用国外的营地模式，虽填补了需求缺口，却使营地面临巨大风险，不仅不可持续，还造成了资源的浪费和环境的破坏。

发展理念是发展行动的先导，是发展思路、发展方向和发展着力点的集中体现。因此，本书将"共享发展理念"引入房车营地的营建策略研究。主要从三个层面加以理解：第一个层面是在研究的视角上，实际上是房车营地共享价值观的确立；第二个层面是作为作用机制，即实现共享营建的具体路径；第三个层面是作为目标和成果，使我国房车营地走上可持续的共享发展之路。本书通过对房车营地发展现状和问题的梳理分析，提出我国房车营地必须走共享的发展之路。

本书展示了作者近十年在文化与旅游领域的理论、教学与实践成果，以房车营地为载体，探讨"文旅融合·共享发展"的策略与方法。本书提出的核心观点是在旅游业高质量发展的背景下，以房车营地为研究内容，提出基于共享理念的营建策略，应从不同的建设类型来建立共享关系和共享策略。本书的出版希望能够增进学科间的互动，以推进和丰富文化旅游建设的内涵。

著者

2024 年 8 月

目　录

第一章 | 绪论 / 1
  第一节　研究背景 / 2
  第二节　研究对象 / 10
  第三节　研究目的与意义 / 14
  第四节　国内外相关领域研究进展 / 16
  第五节　研究内容与方法 / 25

第二章 | 房车营地的共享营建理论框架建构 / 29
  第一节　房车营地的共享营建理论基础 / 30
  第二节　房车营地的共享营建内涵 / 36
  第三节　共享营建的理论层级构建 / 56
  本章小结 / 60

第三章 | 房车营地的共享营建实现机制 / 63
  第一节　基于选择意向测度的策略机制推导 / 64
  第二节　房车营地共享营建的作用机制 / 72
  第三节　房车营地共享营建策略的原则与目标 / 80
  本章小结 / 88

第四章 | 房车营地营建与乡村区域发展的集群共享策略 / 91
  第一节　集群共享与乡村型房车营地营建的适应性 / 92
  第二节　乡村型房车营地的区位原则 / 96
  第三节　乡村型房车营地的集群共享功能价值 / 107
  第四节　乡村型房车营地的集群共享空间界面 / 113
  本章小结 / 117

第五章 | 房车营地与城市游憩中心地的让渡共享营建策略 / 119
　　第一节　让渡共享与城市游憩中心地型房车营地营建的
　　　　　　适应性 / 120
　　第二节　城市游憩中心地型房车营地的让渡共享功能实现 / 125
　　第三节　让渡共享游憩中心地价值提升的空间结构 / 135
　　第四节　让渡共享促进游憩者体验升级的空间营造 / 140
　　本章小结 / 148

第六章 | 房车营地与生态敏感区的调适共享营建策略 / 151
　　第一节　调适共享与生态敏感区型房车营地营建的适应性 / 152
　　第二节　调适游憩冲击的共享组织规划 / 157
　　第三节　调适环境游憩适宜性的共享空间结构 / 168
　　本章小结 / 176

第七章 | 结论与展望 / 179
　　第一节　结论 / 180
　　第二节　创新点 / 181
　　第三节　研究不足与展望 / 182

参考文献 / 184

附录1　营地 RDA 数据 / 186
附录2　乡村型房车营地列表 / 192
附录3　城市游憩中心地型房车营地列表 / 196
附录4　生态敏感区型房车营地列表 / 200

第一章

绪论

我国正面临第四次旅游革命，交通出行方式和组织方式的转变使游憩模式也发生了根本性转变，不再是走马观花式的游览，而是追求个性化、品质化的游憩体验。房车旅行顺应时代的要求逐渐进入人们的视野。随着我国房车技术水平不断提高，房车价格更加亲民，国家有前瞻性地出台了一系列鼓励和规范房车旅游的政策措施，因此，房车旅行不再是难以实现的梦想，成了人们触手可及的个性化游憩体验。作为房车"基地"的房车营地也如雨后春笋般在全国各地建设起来，一个庞大的房车营地网络已经基本形成。然而，在各种因素的影响下，我国现有房车营地的生存状况令人担忧，建设在战略决策、规划设计、开发管理等方面存在诸多问题，其中最突出的"症结"是对房车营地建设缺乏整体性认识，以及在建设过程中缺乏系统化的理论方法。在此背景下，提出房车营地的共享营建策略，对现有房车营地状况的改善和未来房车营地发展方向的确立，都具有十分重要的理论价值与现实意义。

第一节　研究背景

房车营地最早产生于 19 世纪末的西方国家，经过一个多世纪的发展，房车营地相关产业已经成为一个成熟的业态，营地建设也更加体系化、规模化。在我国，房车尚属新兴事物，但随着经济的跨越式发展和人们旅游消费观念的转变，个性化体验成为休闲娱乐的趋势。房车旅行以"旅行+生活"的全新体验方式被越来越多的人认识和选择。房车营地作为房车的"基地"和"驿站"，以其丰富多彩的娱乐体验项目、完整便捷的生活保障设施，以及线上和线下相结合的管理运营模式等优势与特色，成为旅游热点模式。需求的释放必然催生大量建设，全国各省市房车营地已达 1063 个（2020 年数据），在建和计划建设的房车营地更是数量庞大。通过近 30 年的发展，规划建设者们开始思考运用更加科学合理的方法来建设和发展房车营地。影响房车营地建设的因素有很多，如自然资源与人文环境、宏观策划与微观操作、发展战略与政策支持等，这些纷繁复杂的因素或直接或间接、或多或少推进着房车营地的建设发展之路。

一、房车产业的兴起与社会需求的释放

（一）房车产业及交通基础设施建设突飞猛进

经济全球化使金融资本在全球范围内流动，国际贸易的增加促使全球市场逐步形成，越来越多的国外房车企业将资本投入到大有发展前景的中国市场，而国内也崛起了相当多的房车生产企业和研发部门，我国房车的产量和保有量逐年增长。2001 年有了第一辆自行研发的房车之后，我国便开启了房车产业发展的新阶段。"十一五"期间，汽车厂商产能扩张，国产品牌集体爆发，2018 年已经超过日本成为亚洲第一、全球第三大房车制造大国。

与此同时，交通基础设施建设突飞猛进。根据国家发展改革委发布的《国家公路网规划（2013—2030 年）》的规划，国家公路网规划总规模 40.1 万千米，其中国家高速公路共计 36 条，11.8 万千米；普通国道共计 200 条，26.5 万千米。到 2030 年将建成布局合理、功能完善、覆盖广泛、安全可靠的国家公路网络。其中，农村公路建设发展迅速，全国通公路的建制村占全国建制村总数的 99.9%，其中通硬化路面的建制村占全国建制村总数的 96.7%，为以房车为代表的自驾游提供了建设基础和发展机遇。

（二）特色旅游需求释放

按照全球旅游休闲业发展的一般规律，当一个国家人均国内生产总值（GDP）达到 3000 美元时，该国将进入休闲消费的快速增长期。我国在 2007 年人均 GDP 已超过 3000 美元，并逐年增长，2023 年人均 GDP 已达 1.26 万美元。我国经济保持了中高速增长，各项经济指标稳居世界前列，人民生活水平大幅提高，大众休闲消费时代已经到来。主要体现在以下方面。

（1）旅游消费大众化。旅游已经成为人民群众日常生活的重要组成部分。旅游休闲出行方式发生显著变化，自助游、自驾游成为主要出游方式。特别是随着国内高铁和民航的快速发展，"高铁+自驾""飞机+自驾"的落地自驾方式也成为自驾游快速发展的重要因素之一。房车旅游作为自驾游中的"新鲜血液"，更是受到了广泛的关注。随着房车技术的不断创新、房车产量的节节攀升，房车旅游不再是遥不可及的梦想，而是切实地走进了人们的生活。驾着房车到房车营地感受"房车文化"成了新的时尚。

（2）旅游需求的品质化。人民群众休闲度假需求快速增长，对基础设施、公共服务、生态环境质量的要求越来越高，对个性化、特色化旅游产品和服务的需求越来越多，旅游需求的品质化趋势日益明显。房车旅游作为"自我设计的生活"正符合这一旅游发展需求，得到越来越多人的青睐。房车营地在我国的发展也从最初的"停车场"，转变为重视个性化、体验化旅行感受的旅游目的地。基础设施的保障性建设、服务体系的网络化构建、生态环境的保护性建设，共同构成了房车营地可持续化发展的完整链条。这些因素促使人们对房车旅游从好奇到体验再到理性选择，是旅游需求品质化的具体实现。

二、政策导向与全域旅游的发展需求

（一）政策助推房车营地建设发展

近几年，党中央、国务院出台了一系列鼓励和支持房车产业发展的政策文件，文化和旅游部与相关部委也联合发布了 20 多个房车旅游专题文件，推出了一系列规范房车旅游业发展的重要举措。这些政策文件把发展自驾车、房车和露营旅游都提高到一个空前的重视程度。尤其是将房车营地作为交通、体育、旅游融合发展的实现形式来建设，以及作为促进居民消费的重大工程来发展，在促进房车营地建设的同时，也实现了房车营地的良性发展。主要体现在以下三个方面。

（1）总体规划。2017 年，文化和旅游部发布的《"十三五"全国旅游公共服务规划》中提出：到 2020 年，推动建设 200 个国家级自驾车旅居车营地公共服务示范点，各类自驾车旅居车营地达到 2000 个，形成一批精品自驾游线路。2017 年国家体育总局等八部委联合发布的《汽车自驾运动营地发展规划》，对我国自驾车房车营地进行了总体规划：到 2020 年，基本形成布局合理、功能完善、门类齐全的汽车自驾运动营地体系。建成 1000 家专业性强、基础设施完善的汽车自驾运动营地，初步形成"三圈三线"自驾线路和汽车自驾运动营地网络体系。"三圈"指的是以北京为核心的京津冀经济圈、以上海为核心的泛长江三角经济圈、以广州为核心的泛珠三角经济圈，"三线"指的是北京至深圳沿海精品线、南宁至拉萨"进藏"自驾线、北京经乌鲁木齐至伊犁"丝绸之路"自驾线。2021 年，《"十四五"文化和旅游发展规划》中提出：认定一批高级自驾车旅居车营地，推广自驾游精品线路，支持营地合理设置与自驾车旅居车相配套的服务设施。

（2）用地政策。2016年，文化和旅游部、国家发展改革委等11部门发布的《关于促进自驾车旅居车旅游发展的若干意见》提出三点用地建议：其一，房车营地的选址可以在总体规划确定的城镇规划区之外，"其公共停车场、各功能区之间的连接道路、商业服务区、车辆设备维修及医疗服务保障区、废弃物收纳与处理区等功能区可与农村公益事业合并实施"。这就为房车营地建设与美丽乡村建设、乡村扶贫、全域旅游的融合发展创造了机遇，让"农村公益事业+房车营地"成为乡村和农业旅游的切入点，成为全域旅游向乡村和农业区域全覆盖的先行军。其二，房车营地建设可以使用集体用地，"其自驾车营区、旅居车营区、商务俱乐部、木屋住宿区、休闲娱乐区等功能区应优先安排使用存量建设用地"，肯定了房车营地可以使用集体建设用地，提出了优先安排和供给的政策建议。其三，在"其他功能区使用未利用地"建设房车营地的，"在不改变土地用途、不固化地面的前提下，可按原地类管理"，这就为房车营地的选址在湿地、滩涂、林地等使用受限制的区域提供了有条件性的用地许可，使房车营地相比其他旅游类型有了更多的灵活性和优势。

（3）建设标准。2017年，由中国旅游车船协会组织研制完成的旅游行业标准《自驾游目的地基础设施与公共服务指南》中规定了自驾游目的地在线路、道路交通、集散中心、露营地、支持设施、标识导引等基础设施，以及安全保障与应急救援、公共信息等公共服务方面的基本原则和要求。这样，加上2015年发布实施的《休闲露营地建设与服务规范》系列国家标准，2019年文化和旅游部发布的《中国自驾游目的地等级划分》《中国自驾车旅居营地质量等级划分》，以及近年来云南省发布的《云南省露营地与自驾游专项规划（2016—2030年）》，上海发布的《房车旅游服务区基本要求》《营地型房车服务功能与设计导则》，四川省发布的《四川省自驾车旅游汽车营地建设标准》等地方性标准，在自驾车房车和露营旅游领域，初步形成了国家标准、行业标准和地方标准相辅相成的标准框架。

这些鼓励性政策都为房车营地的发展注入了"强心剂"，让更多的房车企业加入研发房车的队伍，房车产品越来越丰富，也更加普及。同时，房车营地的建设也更加规范和标准化，"房车休旅时代"即将到来。

（二）全域旅游背景下的建设趋势

2018年，国务院办公厅印发《关于促进全域旅游发展的指导意见》（以下简称《意见》），标志着我国从"景点旅游发展模式"的初级阶段，正式跨越到"全域旅游发展模式"的成熟阶段。《意见》就房车营地的建设指出，加快建设自驾车房车旅游营地，推广精品自驾游线路；鼓励在国省干线公路和通景区公路沿线增设自驾车房车营地，这意味着加快房车营地高质量建设发展是实现全域旅游的重要途径。

全域旅游的核心不在"全"，而在"域"，是"域的旅游完备"，也就是空间域、产业域、要素域和管理域的完备。从空间域来说，全域旅游是要构建起融合旅游、休闲、购物、教育等多种不同功能的旅游目的地空间系统；从产业域来说，全域旅游是要构建起以旅游为平台的复合型产业结构，推动我国旅游产业由"单一"向"复合"转型；从要素域来说，全域旅游是要求旅游与资本、技术、文化生活、城镇化结合发展等开发模式，推动我国从旅游资源开发向旅游环境建设转型；从管理域来说，全域旅游是要构建起以旅游领域为核心的社会管理体系，由行业管理向社会管理转变。

全域旅游是我国旅游业的转型之路，也是房车营地建设发展在我国的转型之路。"房车+"是全域旅游背景下我国房车营地建设发展的核心命题。因此，在全域旅游的背景下，房车营地也应该遵循四个层级的"域"来营建。在空间域层面，要建设以高质量景观为依托的综合性房车营地，打造具有通达、游憩、体验、运动、健身、文化、教育等复合功能的高品质房车营地；在产业域层面，房车营地应由单一闭合的独立区域向区域资源整合、产业融合的全域旅游发展模式加速转变；在要素域层面，推动房车营地与不同区域类型融合发展，挖掘地方特色，整合利用地方资源，使房车营地建设与区域建设协同发展；在管理域层面，由过去靠行业协会管理转变为将房车营地纳入公共服务和休闲基础设施体系进行管理。

三、我国房车营地的建设发展现状

我国房车营地的建设起步较晚，到20世纪90年代才逐渐进入大众视野，但一经出现就表现出蓬勃的生命力。截至2019年我国房车营地总量为1778个。到2020年底基本完成了《"十三五"全国旅游公共服务规划》中"到

2020年各类自驾车旅居车营地将达到2000个"的目标。与此同时，各省市也纷纷出台了"十四五"期间计划房车营地建设任务的文件。但由于疫情影响，截至2023年我国现有房车营地总量为500~600个，其中标准化营地不足200个，远达不到市场需求。

除了数量上的爆发式增长，房车营地的规范化建设也格外受到关注。2015年中国国家标准化管理委员会颁布的推荐性国家标准《休闲露营地建设与服务规范　第2部分：自驾车露营地》，其中对自驾车房车营地的建设标准做了具体的规范。进入"十四五"发展时期，无论从市场需求、供给要素还是发展环境和政策导向来看，房车旅游的粗放型、数量型增长阶段已经结束，为适应供给侧结构性改革和全域旅游发展的需要，进入品质型发展阶段。这种转变不仅是房车旅游市场需求增长的必然规律，也是行业谋求可持续发展的内在要求。

国内房车产业在快速发展与谋求转型的同时，还积极与国际房车文化活动进行交流，并于2003年加入最具国际影响力的房车露营联合会——国际房车露营协会（FICC）。总会每年都会在不同的国家举办国际房车露营大会，通过参会，在技术、信息、标准等方面可以获得国际先进房车营地的建设发展经验，同时也为我国房车产业在国际上争取更多的合作机会。在2014年，我国在北京龙湾国际露营公园首次成功举办了第80届世界房车露营大会。2025年将在我国台湾新北市举办第95届国际房车露营大会。2026年第97届国际房车露营大会将再次在我国北京举办。露营大会的再次成功申办，从侧面反映了国际上对我国房车产业发展潜力和能力的认可。

四、建设热潮下的现实与困境

我国房车营地建设在快速发展的同时，随之产生的问题也不容忽视。面对房车营地这一新的环境与景观建设类型，我国尚处于初期探索阶段。但为了迎合市场需求和加快实现经济效益，国内房车营地的建设盲目追求与国际接轨，甚至把国外成功的建设模式简单地复制或叠加到现有地块中。这种急功近利的短期成果，很快就显现出极大的弊端，大量的房车营地骤然崛起，又快速消失。这样以牺牲环境资源和物质资源来换取房车营地的建设教训是非理性的，这让我们不得不重新审视什么样的房车营地建设模式才是真正适合我国现阶段发展需要和符合未来发展方向的模式。客观理性地分析我国房车营地在建设发展中存在的问题是研究的第一步，主要问题如下。

（一）与区域资源、环境缺乏深度融合导致的粗放型发展问题

全域旅游时代的到来，要求房车营地建设发展必须从过去粗放低效方式向集约高效方式转变，由封闭的自循环转变为"房车+"的开放共享方式。但我国房车营地在发展起步的这十几年中，因一味模仿国外模式产生的只关注营地空间内部环境的精细化和品质化，忽略了与区域资源和环境融合发展的现象，导致了重复性建设和资源浪费。其主要表现在营地选址在决策层面的唯经济效益论和营地模式在规划层面的不落地。

首先，房车营地在拉动社会经济发展中的地位十分重要，与周边环境存在密切的互动关系，是区域发展的经济驱动器。而想让房车营地有活力并发挥这些作用，又需要区位条件的支持。我国现有房车营地虽然在数量上呈爆发式增长，但从全国范围的地理分布情况来看，其呈现凝聚状分布特征，即我国房车营地主要集中于京津冀、长三角、珠三角等经济和交通发达的东部地区，以及云南、四川等旅游资源丰富的西部地区，中部及北部地区营地建设相对滞后，总体上呈现不平衡局面。在选址类型上，多依附于著名景区或独立于城市郊区，一方面，难以与周边资源及产业联动发展，导致自身缺乏活力；另一方面，无法发挥房车营地除旅游住宿外的其他社会职能。

其次，房车营地是居住与交往结合的游憩形式，所以应该更加注重营造多层次的交往空间和社区化的氛围。然而，在我国经常看到的房车营地是低密度开发导致的"大而空"的布局形态，占地面积大，但丧失了应有的功能，更像是一个大"停车场"。这种自上而下的规划引导与房车营地本应自下而上发展的使用需求相互矛盾，造成了房车营地闲置和不足并存的局面。另外，房车营地内功能分区过度细化，使资源分配过于集中，且封闭管理导致与周边资源无法共享和流通，造成了重复建设和资源利用率低的现象，也是房车营地被诟病的原因之一。

（二）缺乏协调共享的建设体系，导致房车营地发展活力不足

与资源、环境缺乏融合不仅造成了粗放型发展的种种弊端，也使房车营地成了与环境格格不入的"外来户"，表现出"水土不服"的发展状况。在当前房车普及率偏低、房车活动参与度不高的局面下，如何将处于观望的游客转变为稳定使用者，就是房车营地破局的关键。应从建设层面与当地环境、

文化实现共享共建，并从使用者需求层面，采用自上而下和自下而上相结合的方式建构房车营地的营建体系，且明确这两个层面在建设发展中出现的问题是研究的起点。

首先，为迎合爆发式露营需求增长，建设者们做了最保守的选择——以标准为基线来快速建设，同时其代价就是营地数量与质量不匹配，包括毫无尺度感、模式化和陈腐化。营地内的建筑没有了细部设计，营地内没有适宜人生活和交往的尺度，也没有了地域认同感和房车营地的多样性，功能构成单一，缺乏价值和活力。另外，由于缺少后期维护和提升，很多营地在短暂使用之后就出现各种问题，或者自建设之后就表现为线性衰落趋势，没有紧跟人们需求的变化而扩展营地属性、提升营地质量。

其次，房车营地定位不清晰导致房车营地发展道路的局限。最常见的两种营地是将房车营地等同于自驾车营地或帐篷营地，而与之相反的另一种定位是"高端化""精英化"的小众领地，这两种定位都与我国建设发展理念不符。前者不符合我国旅游业高质量发展要求，使房车营地这一复合功能的综合体局限于单一的停靠功能，房车营地无法发挥优势；而后者更加不符合我国共享发展的建设理念，使房车营地失去了广阔的市场，同样是不可持续的。

综上所述，房车营地作为一种新型游憩方式的载体，是具有独特功能的复合型空间，显然，我国现有房车营地的建设仅定位于孤立的房车露营需求是远远不够的。房车营地在数量和质量上的供应不足与井喷式房车游憩需求之间的矛盾十分突出，如何挖掘现有资源的潜力、避免重复建设和大量占地、与其他空间环境联动发展是我国当前房车营地建设必须解决的问题。这就需要进行资源的共享和合理配置，使资源利用效率达到最大化，同时凸显房车营地的经济拉动作用，它们是建设房车营地的出发点和目标。

第二节　研究对象

一、相关概念解析

（一）房车营地的定义

房车营地，英文全称为 recreational vehicle park（RV park）或 caravan park。在国外，房车营地最早起源于游牧的帐篷露营，因此也沿用 campsite 或 campground 等名称。《剑桥国际英语词典》中的解释是 "It is an area of ground where caravans can be park, esp. by people spending their holidays in them"，即房车营地是人们驾驶房车可以停靠，并可以在此度过美好假期的一个区域。我国对房车营地的定义可以参照《汽车露营营地开放条件和要求》对汽车露营营地的定义，即"乘用车、旅居车（自行房车、无动力旅居挂车）露营和野外生活、活动提供服务设施和住宿配套的场所"。

西方国家的房车营地通常分为国有营地和私有营地，国有营地通常位于国家公园和各州立公园内，设施更好更全。美国有 1600 多个国有房车营地和超过 13000 个私营房车营地，除了作为娱乐休闲的方式，美国社会中还有一群人以房车为家，其中以低收入人群和退休人群为主要使用者，所以有一些房车营地被称为移动家庭社区（mobile home communities）。在澳大利亚，人们更喜欢称房车营地为假日营地（holiday park），因为人们在这里要度过相对较长的时间，所以这些营地内的设施会更齐全、标准更高。欧洲的房车营地大多数都建立在高环保标准的基础上，而且补给设施兼容各种车型。

通常，一个标准的房车营地应具备生活所需的基础设施，分为四大类：补给类，即加油设施、电力设施（国际标准通常为 15 安培、20 安培、30 安培或 50 安培的容量）、饮用水等；排污设施，即下水管线、垃圾处理、污水处理等；保障设施，即消防设施、监控设施和明确的标识等；公共服务设施，即厕所、淋浴间、餐厅等。一些规模比较大、标准比较高的房车营地还会有电视电话和网络系统、运动场、便利店及其他娱乐设施。

(二) 房车营地的特性

（1）房车营地的地域性。营地有一定的地域性，包括地理位置和地理环境，房车营地大多依托景区、自然保护区、城市或乡村，地域性特征使其发展有了明确的目标和标准。

（2）房车营地的聚集性。房车营地内基本以"车"为单元，家庭组团建立活动交往关系，而聚集性带来的是组织的合并、基础设施的共用和其他生活资料的集合，共享共建是房车营地聚集性的具体表现，为房车营地的可持续发展提供了前提条件。

（3）房车营地功能的多样性。房车营地通常具备生活、保障、运动、休闲的功能，其功能的多样性是由特定人群的生活和游憩要求决定的。房车营地是一个有机体，有完整的居住、活动、交往相关的场所和设施，这就决定了其必须具备丰富多元的功能配置。另外，由于使用房车营地的人群以家庭为单位，这就意味着群体的年龄跨度、受教育程度、社会分工等是复杂多样的，满足不同人群的需要是房车营地建设必须考虑的课题。

(三) 房车营地的分类

房车营地的类型有多种划分方式，国际上惯用的划分方式有两种：根据使用类型和选址的环境资源类型来划分。根据使用类型可分为停靠型和目的地型，停靠型房车营地通常在公路两旁的服务区，目的是让驾驶房车旅游的游客有短暂休息和补给。因此，只提供必需的补给设施（水、电、气），营位通过低矮绿植或地面铺装来划分。目的地型房车营地通常依托高质量的环境资源，营地面积更大、设施更全面，满足不同人群的露营需求，突出娱乐休闲功能，设置丰富的体验项目，组织多样的娱乐活动，因此游客在目的地型房车营地停留的时间更长（图1-1）。

根据营地选址所依托的环境资源类型可划分为六大类型：滨海型、海岛型、湖畔型、乡村型、山地型、森林型（图1-2）。不同的环境类型其组景审美不同，可以开展的休闲娱乐体验活动也不尽相同，如表1-1所示。例如，滨海型房车营地依海而建，多建于沙滩上，可以开展沙滩球类活动、海上活动等；海岛型房车营地则适合开展潜水等海上活动，与滨海型房车营地有相似性；湖畔型房车营地临湖而建，适合开展垂钓等；山地型房车营地则适合

(a)停靠型　　　　　　　　(b)目的地型

图 1-1　按使用类型划分的房车营地类型图

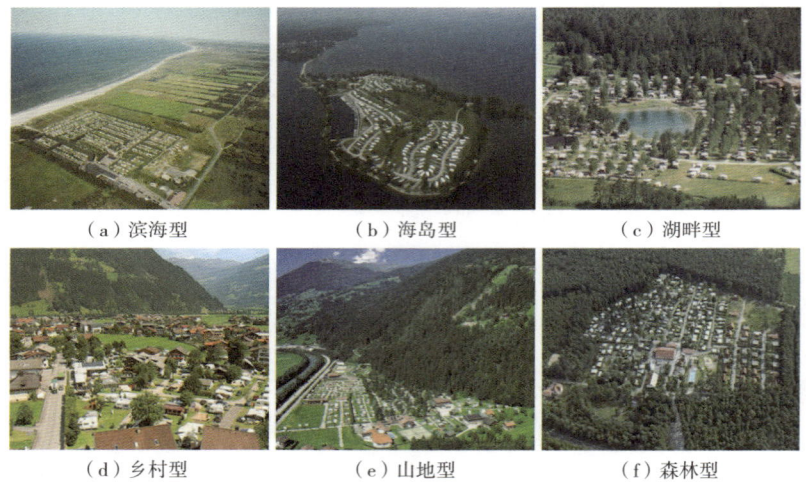

(a)滨海型　　　　(b)海岛型　　　　(c)湖畔型

(d)乡村型　　　　(e)山地型　　　　(f)森林型

图 1-2　按环境资源划分的房车营地类型图

登山、攀岩等依托山体开展的冒险活动等；森林型房车营地建于森林内，适合徒步、科普等活动的开展。

表 1-1　按环境资源划分的六大房车营地类型

类型名称	环境资源	营地特点	特色项目
滨海型	依海而建，多建于沙滩之上	开阔、自由，丰富多样的水上和沙滩活动	沙滩球类、海上活动、船艇活动等
海岛型	建于海岛之上，四面环海	开展丰富多样的海上活动	潜水、海上运动等
湖畔型	临湖而建	宁静平和，适合放松身心	垂钓、划船等水上运动

续表

类型名称	环境资源	营地特点	特色项目
乡村型	依托于周边村落的农业景观	感受淳朴民风、特色民俗	乡村采摘、科普园等
山地型	山脉间，多建于山脚或缓坡地带	景色宜人，地形优势，开展体育运动	攀岩、山地自行车等
森林型	建于森林内	空气清新，通常营位间隔较远，私密性好	散步、森林中的动植物科普等

（四）共享发展理念

相比于"参与"，共享通常意味着作为原始持有者授予他人部分使用、享有，甚至拥有的行为。在空间层面，"共享"意味着人群对空间的组织和联合的使用。狭义上指对有限的物资的共同或交替使用，如共享住宅；广义上指免费授予物品的使用权，这些物品可以是非竞争性的商品，如信息。共享是人类互动的一个基本组成部分，这种行为加强了社会关系的联结。

党的十八届五中全会提出"必须牢固树立并切实贯彻创新、协调、绿色、开放、共享的发展理念"。党的十九大五中全会进一步强调必须坚定不移贯彻这一新发展理念。二十大报告强调"贯彻新发展理念是新时代我国发展壮大的必由之路"。共享发展理念科学诠释了中国特色社会主义的本质要求，进一步回答了"为谁发展、靠谁发展、如何发展"的时代考题。共享发展理念源于对我国发展实践的深刻反思，是践行共享发展的理论先导，是发展思路、发展方向、发展着力点的集中体现。共享发展理念符合我国国情，顺应时代要求，在理论和实践上有新的突破，对破解发展难题、增强发展动力、厚植发展优势具有重大指导意义。因此，将共享发展理念作为核心发展理念对我国当前和未来一段时间的发展具有极为重要的理论和实践意义。

共享发展理念有着丰富的内涵：就共享的覆盖面而言，共享是全民共享，共享发展就要人人享有、各得其所；就共享的内容而言，共享是全面共享，共享发展就要共享经济、政治、文化、社会、生态各方面建设成果；就共享的实现途径而言，共享是共建共享，共享发展就要人人参与、人人尽力、人人都有成就感；就共享的进程而言，共享是渐进共享，共享发展将是一个从低级到高级、从不均衡到均衡的过程。

二、研究范围界定

根据上文可知，房车营地按使用类型可分为停靠型和目的地型，本书中的房车营地类别范畴定位于目的地型房车营地，基于两个原因：一方面，停靠型房车营地类似于停车场，仅提供必需的补给设施（水、电、气），用地类型单一，难以形成与区域互动的条件；另一方面，房车在停靠型房车营地只做短暂停留，露营者没有与周边环境形成互动，缺乏共享发展的可能性。因此，本书中的房车营地营建策略针对目的地型房车营地，对停靠型房车营地将不做论述。

第三节　研究目的与意义

一、研究目的

（1）树立共享发展的房车营地营建价值观。促进环境、产业、人文等要素共享，进而达到房车营地的可持续发展，这一目标为房车营地的建设发展带来了全新的切入点。本书的研究目的之一就是将共享发展的理念引入房车营地的建设发展中，这是新时代规划设计者们必须树立的价值观和明确的出发点。

（2）构建适合我国当前需求和未来方向的房车营地建设理论模型。由于房车旅游的快速发展、房车营地的大规模建设和资本的涌入，一些片面的、不恰当的价值标准就被应用到房车营地项目中，因此一些房车营地夺目地出现，又黯然地离场。本书试图建立理性的理论模型，从整体把握，多维度建立一个立体的房车营地建设的理论模型。

（3）提出针对不同区域类型房车营地的具体营建策略。与传统的以景观类型来划分房车营地类型不同，本书意图从空间域、产业域、要素域与管理域的"全域"层级来划分房车营地的营建类型，针对不同区域建设的房车营地提出具体营建策略。

二、研究意义

（一）理论意义

当新的空间类型出现时，其建设和发展需要有不同层面的理论进行指导，从建筑学层面考虑就需要有营建理论。我国的房车营地建设还沿用国外建设标准和体系，但这只是满足短期需求的权宜之计，因此出现了很多规划与建设不对位的情况。本书基于共享发展的科学理念，结合相关学科理论，建构房车营地营建策略的理论模型。同时，根据房车营地的营建策略模型，针对乡村、城市游憩中心地和生态敏感区这三个不同的区域类型形成不同的营建策略和方法。

（二）现实意义

（1）为房车营地在我国的"扎根"提供新的思路和策略。虽然房车营地还处于如火如荼的建设之中，但我们不能忽视其背后的潜在危机，通过对我国最早一批房车营地的实地考察发现，其生存状况和质量不容乐观。因此，本书希望为规划设计者们提供新的切入角度和建设依据，以符合我国现实需求和战略定位，使已有的房车营地焕发活力、使新建营地少走弯路，以实现房车营地在我国的可持续发展。

（2）实现不同地区发展房车营地的机会均等。过去由于没有针对某一房车营地区域类型的具体营建策略，投资者们都把目光集中在建设难度小、投资风险低的著名景区或沿海发达地区，因而一些乡村或者环境相对复杂的地区即使有建设需求，也会错失发展机会。本书的意义之一正是试图解决这一现实问题，为同类型区域建设房车营地提供思路，拓展房车营地的发展空间。

第四节　国内外相关领域研究进展

一、房车营地相关研究

（一）国外房车营地研究概况

国外房车营地已有近百年的发展历史，因此相关文献较多，研究得较为深入，但大多数是规范类和指南类文献，在建筑学领域的图书也大多集中在具体的营地设计施工，理论构建类的图书相对较少，比较有代表性的是美国佛罗里达大学（University of Florida）建筑学院的教授查理·海利（Charlie Hailey）在 2008 年出版的著作《露营地：可移动的建筑》（*Campsite*：*Architectures of Duration and Place*），探讨了当代美国社会中的营地的对比性特质，如本地性与外来性、流动性与固定性、临时性与永久性等，并创造性地构建了一个基于哲学的理论框架，来阐释房车营地的"场所感"。他的另一本于 2009 年由麻省理工学院出版社（MIT Press）出版的著作《露营地：21 世纪的空间指南》（*Camp*：*A Guide to 21st-century Space*）则探讨了基于政治影响的营地分类，并从独特的视角改变了我们思考和建造环境的方法。书中有超过 150 个图表，包括草图、营地平面图、照片和卫星图像等，为我们全方位地展示了营地空间特性。

国外关于房车营地研究在建筑学领域的期刊相对较多，也代表了最新的研究成果和方向。在科学引文数据库（Web of Science）使用"campsite""campground""RV park""caravan park"作为题目关键字，并限定一个或多个关键词，如"landscape"（景观）、"tourism"（旅游）、"recreation"（休闲娱乐）、"space use"（空间利用）、"behavior"（行为），将时间限定在 2020—2024 年进行搜索，最终选取了 92 篇文献。

在所选的 78 篇文献中，按作者来自的地区统计，北美洲以 34 篇位居第一，其次是亚洲（33 篇）、欧洲（18 篇）、大洋洲（7 篇）。从文献发表的年度趋势可以看出对房车营地领域的研究热度已经从北美洲向亚洲转移，尤其是近 10 年亚洲地区对房车营地建设的关注度持续上升（图 1-3）。

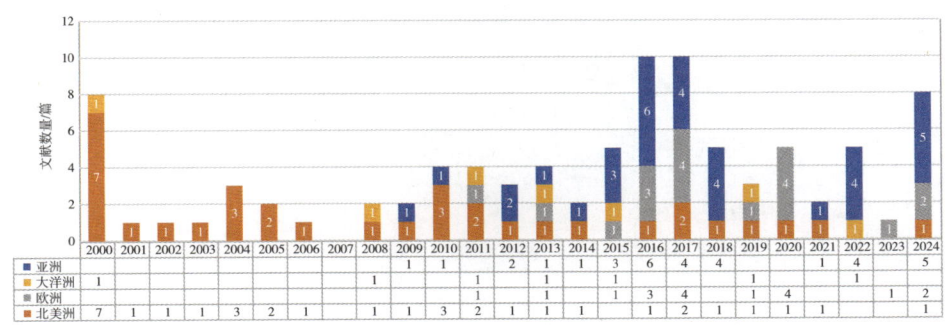

图 1-3　2000~2024 年国外房车营地相关文献统计

对文献进行梳理发现，国外的露营地研究主要分为两个方向：一是对房车营地影响因素的研究，即房车营地建设决策层面的影响因素；二是对房车营地影响结果的研究，即房车营地建成后所产生的结果。影响因素主要分为露营者因素和环境因素，其中，对露营者居住动机的关注是因为国外的房车营地不仅有娱乐休憩的功能，而且在很多地方还作为住宅和社区来使用，甚至作为保障住房来研究。对影响结果的研究主要从两个方面来开展：房车营地自身的活力提升与更新研究、房车营地使用对地区和环境的影响研究，如对生态影响的恢复策略就是国外研究的热点（图 1-4）。

影响因素中关于露营者的文献：Holdnak A. 等（2005）对不同年龄和经验的露营者露营的目的和对房车营地设施水平的重要性进行了调查，认为规划者必须意识到露营者组成结构的多样性产生的多样化需求。Hardy T. 等（2005）研究了露营者的人口特征和满意度是否与忠诚度相关，调查结果显示，满意度与忠诚度呈正相关。此外，沃尔什（Walsh）和利宾斯基（Lipinski）在 2008 年所做的一项关于露营者抗拒变化的研究中提出，在特定的露营地环境下，忠诚度高的露营者对露营地变化的抗拒感会增加。Freeman C. 等（2015）以新西兰南岛的 5 个房车营地中的 69 个"家庭露营者"为对象研究了房车营地的社会性，以及作为临时社区对家庭特别是孩子的重要影响。Shin Y. H. 等（2017）研究发现游憩活动的多样性、设施水平、生活必需品供给、价格和购物的便利是露营者选择房车营地的决定性五要素模型，并根据多个因素验证了模型的有效性和可靠性。Mikulić J. 等（2017）以克罗地亚沿海地

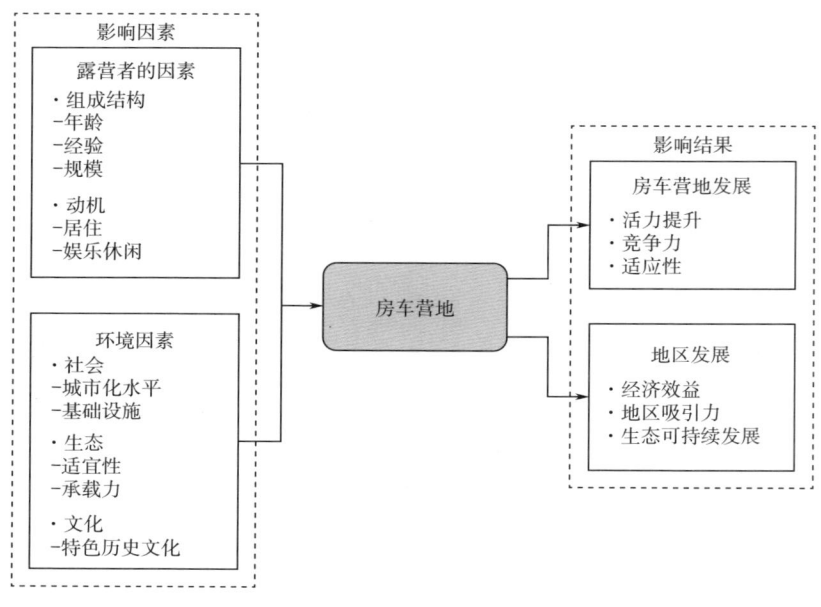

图 1-4　国外房车营地相关文献研究分类

区的房车营地为例，利用相关性—决定性分析（RDA）揭示营地各属性的决定性级别，为营地建设提供理论依据。Kordsmeyer T. 等（2017）探讨房车营地与自然群落和社交网络的相似性，并结合露营者情感、健康、社交等因素，得出最优营地规模。William L. Rice 等（2019 年）根据露营者需求建立预测模型，以准确预测露营地资源配置、空间布局等问题。

影响因素中关于环境研究的文献：Whitcomb L. 等（2002）以美国奇佩瓦国家森林为例，论述了人们在选择露营地时对一些景观和生态系统的偏好，以及环境分类用于视觉资源管理的可行性。Cole D. N. 等（2004）就美国怀俄明州风河山脉的两处场地（森林和草地）对露营影响的抗干扰能力进行评估，并结合早期对露营活动空间格局的研究成果，预测场地建设营地的适宜性，鼓励集中建设和集中使用的建设策略。Monz C. A. 等（2010）通过对美国阿拉斯加威廉王子湾的资源评估数据进行因子聚类分析，揭示场地的基质类型与房车营地的类型之间的重要关系。심형석等（2012）针对韩国两个待开发房车营地，从经济和社会层面进行可行性分析，研究发现营地的社会效益是积极的，但经济效益不都是积极的，因此应该对房车营地采取更多保障性措施，并研制标准的营地模型。Cuirong W. 等（2016）以新疆库尔德宁景区为例，通过自然环境条件、景观条件、安全条件、基础设施条件四个要素来评估建

设房车营地的适宜性，并建立该地区的营地适宜性地图。Kurt S. 等（2016）认为在国家许可建设的区域，可将土地利用、房车营地布局和面积、地形、植被、气候、水资源、安全、交通标准这九个标准作为建设理想房车营地的判定标准。

影响结果中关于房车营地发展的文献：Biscombe J. R. 等（2000）提出基于无障碍的房车营地提升改造，包括明确的营地边界、界面材料的使用、营地的可达性和无障碍设施，并建议将房车营地设计纳入整个交通系统，以实现真正的无障碍使用。Leung Y. F. 等（2000）评估了美国弗吉尼亚州杰弗逊国家森林公园中 7 个区域的 110 个房车营地的情况，调查结果表明营地大多分布于游径和景观区附近，减少营地影响的策略是限制营区的扩张，并鼓励集中使用营地。Reid S. E. 等（2004）以美国谢南多厄国家公园为研究对象，运用实地测量和访谈等方法，建立了一个全新的纵向评估房车营地适应性的模型。Milohnić I. 等（2015）对克罗地亚的房车露营地和酒店进行比较研究，对选取的样本中的可持续性指标进行对比表明，房车营地的可持续性明显高于旅馆和酒店。Eagleston H. 等（2017）对美国明尼苏达州临水的 81 个持续使用的营地进行连续 32 年的监测，数据表明营地的面积基本没有变化，但营地的"核心"区域面积有所减少，一些用途转移到了营地的边界或之外。这些发现说明"旧"的房车营地并不稳定，要有限制营地扩张的策略和选择抵抗力更强的场地。

影响结果中关于地区发展的文献：Lawson S. R. 等（2001）以美国加利福尼亚州约塞米蒂国家公园为研究对象，记录了公园内所有房车营地的数量和空间分布情况，创建了基于地理信息系统（GIS）的营地监测系统工具，并跟踪露营者使用模式的变化，以确定哪些房车营地和露营者行为对生态产生影响。Horton K. 等（2005）使用条件等级、物理测量和土地类型关联的方法，对美国密苏里州马克·吐温国家森林公园的 24 个房车营地进行量化，开放性的结论是如何基于场地和使用情况制定平衡娱乐机会和生态健康的策略。Goonan K. A. 等（2012）对美国东北部尚普兰湖附近的露营地进行评估，分析露营地属性（大小、条件等级等）与场地生态状况的关系，并比较分析了露营地使用与封闭期的生态环境状况差别。Kearns R. 等（2019）以新西兰奥克兰郊区的 8 个房车营地为例，探讨了房车营地为缓解城市住房压力和为"临时居民"提供服务的社会职能。

（二）国内房车营地研究概况

我国关于房车营地的研究起步较晚，吴楚材（1997）在《论中国野营区的开发建设》中，首次提到"野营区"这一概念，文中还阐述了世界野营地的类型和分级标准，并探讨了我国建设发展野营区的可行性。野营区即我们现在所说的汽车营地、房车营地。

由于房车旅游进入我国的时间较短，因此，早期房车营地相关研究更侧重于引介研究，介绍房车营地的概念、国外发展状况及对国内市场的展望，引入国外的成功经验和技术，大多都发表于旅游类、地理类、汽车工业类刊物。例如，陈友飞（2002）概述了英国的 Caravan 营地（即现在的房车营地）的起源、设施、星级等，以及对我国旅游业的借鉴意义。赵亮（2008）从旅游开发的角度概述了露营地的概念、类型等，并对我国发展露营地的市场前景进行了分析。高林安等（2011）阐释了欧美露营地发展及研究现状，总结了欧美露营地建设、经营管理方面的特色，并分析了对我国露营旅游发展的启示。由于我国房车营地建设发展尚属初级阶段，所以这类文章有一定的借鉴意义。

在研究专著方面，早期有关房车营地的研究局限于旅游资源开发或旅游规划，邓爱民、桂橙林（2016）在《汽车露营地规划与管理》一书中从露营地的规划和管理两个方面进行了翔实的研究，包括前期市场分析、发展战略、文化定制及露营地运营管理的具体策略和评价体系的建立。但仍然缺少对房车营地的专项研究，尤其是在建筑学领域的理论体系，无法满足房车营地发展的需要。

在中国知网（CNKI）数据库中，将"房车营地""旅居车营地""汽车露营地""自驾游营地"作为主题关键词、将时间限定在 2008~2024 年进行检索，共检索出 235 篇期刊类论文，其中建筑学类 92 篇；检索出学位论文（硕博）80 篇，其中建筑学类 46 篇。可见无论是期刊还是硕博论文，在建筑学领域的文献都超过了一半，建筑学是我国房车营地研究的重要领域。继而对建筑学领域的文献进行分析发现，虽然起步较晚，但是文献发表量呈逐年上升趋势，2016 年以后文献发表量格外突出，可见房车营地已经成为近年来建筑学领域研究的热点，受到越来越多的关注，学者们从不同的视角，运用不同的方法对房车营地进行研究，如图 1-8 所示。

通过对文献的整理，可发现文献所涉及的研究方向分以下几类。

（1）房车营地综合性研究。这类文章以房车营地为研究对象，以我国全

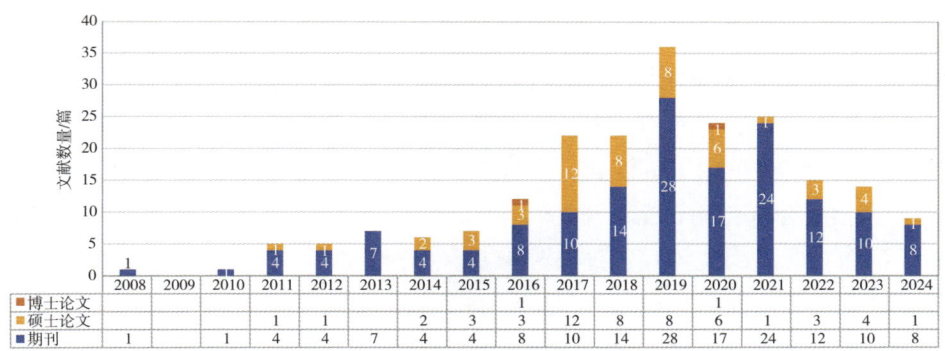

图 1-5　2008~2024 年"房车营地"在建筑学领域相关文献发表年度趋势

域为研究范围，综合分析了我国房车营地发展的总体分布特征，研究了房车营地规划设计的理念和方法，为我国房车营地建设提供了指导性意见。例如，李景（2011）的《房车营地规划设计研究》作为建筑学领域第一篇硕士论文，全面地分析了国内外房车营地的发展特点，重点针对国内的现状与需求，从选址、规划模式、营位布局等方面阐述了规划设计方法，并提出了国内评级标准和管理借鉴。李凤等（2017）运用 GIS 空间技术手段展示出营地聚集师大板块，并重点阐释了自驾车房车营地发展的驱动机制。戴宏等（2018）通过对我国汽车露营地空间发展模式、运营模式、产业模式的分析，提出未来发展的创新路径。

（2）基于特定区域的房车营地类型研究。就某个地区范围的房车营地规划设计而言，研究的特点是提取特定的区域特性，包括自然环境、人文环境等。研究的要点是，提出针对这一特定区域的具体规划设计方法，使房车营地的研究更加细化。例如，王作为（2012）就黑龙江省旅游资源提出了划分房车游憩圈的房车营地空间布局结构形式，并就伊春小兴安岭房车游憩圈中的汤旺河国家公园房车营地进行了规划实践研究。马欢（2017）从北京人口特征、游憩心理、游憩行为、游憩偏好四个方面进行分析，用以指导北京地区汽车营地规划设计研究。郭俸瑞（2017）基于云南省自然资源、文化资源优势和云南独特的地理条件、气候条件等具体因素，提出了针对性的汽车营地规划和建筑设计策略。罗天（2018）分析了华中地区城市以武汉为代表的地区特征，然后对具体项目进行了营地功能、景观结构和交通三个方面的详细规划设计。

（3）基于某一自然环境类型的房车营地研究。这类文章着眼于某一类型的环境（山地、森林、寒地等），对环境条件进行分析，包括景观、气候、地理等，强调房车营地的生态性和可持续发展。例如，施世强等（2015）探讨了在森林公园建设房车营地的布局模式、功能分区、道路、基础设施等方面的规划设计。崔倩倩等（2016）从景观的布局、寒地特色、经济性三方面提出了适合寒地城市房车营地景观设计的原则。陈烨（2018）从山地型景区露营地的特征、规划流程、选址布局、技术指标控制等方面详细论述了山地型露营地的营建研究。

（4）房车营地实践总结。这类文章主要总结和梳理具体项目的规划设计理念、设计手法和流程，寻找适合我国的房车营地规划设计方法，以期为理论研究提供重要的案例支持。例如，罗艳宁（2008）以南京市郊的大石湖生态旅游度假区汽车营地的规划设计为例，探讨适合现阶段中国特色房车营地的规划设计方法。陈艺文等（2016）以哈尔滨的金河湾湿地公园房车营地为例，针对地域特色和场地特点提出生态型房车营地的景观设计方法。

二、共享发展理念相关研究

国外对共享发展的研究，可以追溯至西方资本主义国家，特别是第二次世界大战后这些国家的发展之路，他们大多是从探寻经济与社会协调、合理和文明发展开始的。对共享问题的研究，经历了从政治自由到经济自由再到社会自由的演变过程。国外学界对共享的研究大多围绕于共享经济时代区域和环境的影响，也就是以共享作为研究背景的文献相对较多。而"共享发展理念"是我国在新时期面对新问题、新挑战提出的具有中国特色的社会主义发展理念。

自党的十八届五中全会首次将"共享"作为五大新发展理念之一提出之后，"共享发展"变成了学术界的热点议题。学者们从社会学、经济学、哲学等不同学科角度给予解读，并取得了丰硕的研究成果。但这些研究主要围绕共享发展的内涵、意义、价值、面临的挑战与实现的路径等方面展开，且多属于宏观的文本解读，运用共享发展理念来指导建筑领域的著作和文章尚属空白。共享是共享发展理念的核心价值，根据对文献数据库（CNKI）的检索发现关于共享的研究可以分为三大类。

（1）作为研究对象的发展方向，如"开放共享""绿色共享""共享精神""共享理念""共享发展""共融共享"等。

（2）作为发展的作用机制，如"共享共创""共享共建""协同共享""共治共享""共享共创""共享共生"等。

（3）作为研究的成果和目的，如"共享平台""信息共享""知识共享""文化共享""资源共享""共享空间""产业共享""共享服务"等。

共享发展理念是一个立体的、动态的发展理念，既可以作为研究的视角，又可作为研究对象的作用机制，还是研究要达成的目的和成果（图1-6）。

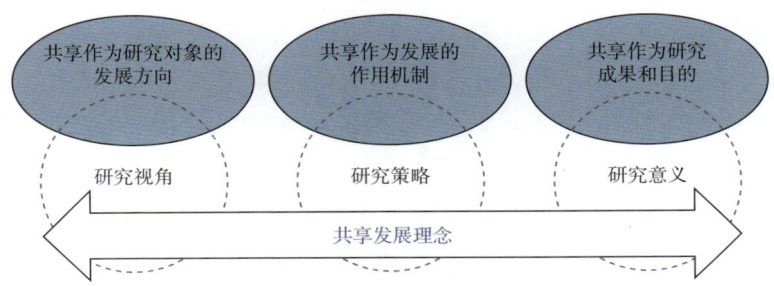

图1-6 共享研究层级

在建筑学领域，学者们对共享与建筑、空间的契合也是从这三个层级来进行研究和探讨的，即将共享作为研究的视角或背景，将共享作为一种策略、模式或作用机制，将共享作为研究目的。其中，第三层级的共享即实现一种共享的空间类型，这一类型的研究最多，如对"高校图书馆共享空间""老年人共享空间""共享停车场""共享住宅""共享农庄""共享办公建筑"等的研究。可见，共享的概念已经越来越多地运用在建筑学领域的研究中，但都是从单一角度来研究的，有待拓展和推进，这也给有心致力于此领域的研究者创造了理论创新的广阔空间。

三、文献综合评述

通过对我国房车营地相关文献的研究可以发现我国的相关理论研究由于起步晚，还处于"初级阶段"，表现为研究深度不足、方法相对单一。近几年在数量上虽然增长较快，但综述类和设计方案分析类论文较多。虽然一些研究者已经开始关注房车营地与生态、资源、地区发展的关系，并尝试使用多学科交叉的研究方法，但是研究对象还是相对单一，大部分是围绕一个建成营地的分析，研究深度不足。国外尤其是欧美国家房车营地建设已有百年历史，相关研究的样本数据资料非常丰富，研究对象很多都是基于一个区域或者环境中的多个房车营地进行比较分析，数据获取的过程甚至要几十年。因此，国外房车营地理论体系建构的过程和研究方法对我国房车营地的理论建构有很大的借鉴意义。当然，以国外房车营地营建理论为参照并不意味着照搬照抄，而是借由国外的理论为我国房车营地的建设提供理论工具。

通过对国内外房车营地相关文献的梳理和比较有以下几点启示。

（1）房车营地属于综合的空间范畴，因此，不仅要关注房车营地本身的功能实现和空间形态问题，还要关注房车营地在区域层面的影响和作用。我国还处于早期的理论摸索阶段，总体上没有系统的营建理论，没有触及房车营地建设的深层内涵，因此急需一套系统的、全面的、科学的营建理论。

（2）我国房车营地现有的"西方化"营建模式，无法适应复杂的地区环境和当前的时代要求，所以必将会被一种优化的营建策略替代，那就是符合我国当前和未来一段时间发展需求的共享发展策略。我国很多房车营地研究还是基于国外的分类方法，但是国外根据景观类型的分类方法并不适合套用到我国，因为我国所处的社会发展阶段要求我们必须高质量、集约化发展，因此应该重新划分房车营地用地类型。

（3）对不同的环境和资源类型应采用不同的营建策略。房车营地虽然在我国起步较晚，但其对区域经济、社会、文化等的拉动作用，使不同类型的地区都有强烈的建设意愿。然而，地区间的巨大差异使运用同一建设模式的房车营地出现了"水土不服"的症状。虽然国内一些文献也关注到了"适应性"的问题，但是大多从设计层面融入本地材料和文化，没有从营建策略层面构建理论体系。因此，可以借由西方理论为我国的房车营地策略的理论构建提供理论工具。

第五节 研究内容与方法

一、研究内容

根据 Handfield 和 Melnyk（1998）的研究，科学理论的构建分为六个过程：发现（理论和研究的探索）、描述（探索领域性质）、映射（确定关键属性）、建立关系（识别变量之间的关系和关系形成的原因）、理论验证（测试理论和预测）、理论扩展或完善（完善理论结构）。本书结构遵循了科学理论的构建过程。

第一章通过对研究背景的总结，发现房车营地在建设中的优势和问题。另外，通过对房车营地研究领域的梳理，发现研究趋势、热点及方法。然后根据本书的研究需要阐述研究意义、研究内容、研究方法，提出展示本书逻辑关系的研究框架。重点是对核心问题的发现，即我国缺乏指导房车营地建设的理论体系。

第二章通过对国内外房车营地发展历程的回顾，从纵向维度上分析历史演化过程，从横向维度上分析当前发展的特征，结合双向维度的比较发现我国房车营地在发展阶段、目的、需求，以及社会经济背景和未来发展方向等方面都与国外存在较大的差异。因此，迫切需要适应我国当前发展状况和未来发展方向的房车营地营建策略，而共享发展理念正是顺应时代发展和符合现实需要的科学发展观，并就共享发展理念与房车营地建设的耦合性进行了论述。

第三章首先建立一个多学科交叉的科学理论基础，然后将先前总结的现象、问题一一对应到房车营地营建策略模型的不同层级。从社会经济文化层面、景观游憩潜力层面、露营者需求层面架构起了一个立体的房车营地策略模型，并根据游憩机会谱重新划分房车营地的建设类型，分别是乡村、城市游憩中心地和生态敏感区三大类房车营地建设的环境类型，根据环境类型的关键属性确定营建房车营地的不同共享作用机制。

第四章至第六章分别基于乡村、城市游憩中心地和生态敏感区三个不同的环境类型，建立房车营地共享关系和共享策略，并结合案例研究论证共享策略的适宜性。

其中，第四章研究了乡村建设房车营地的集群共享策略。针对乡村发展路径、现状和需求，探索房车营地在乡村扎根并可持续发展之路，提出房车营地不能仅关注自身的空间建设，还应该成为乡村区域发展的助推器，而实现这一目标就要从区位、功能和空间等方面促使乡村集群化发展。

第五章研究了在城市游憩中心地建设房车营地的让渡共享策略。明确让渡是为了通过寻求合作机会实现价值的最大化。根据城市游憩中心地的发展特性，从"事—场—物"的角度切入，即从城市发展—游憩中心地价值提升—游憩者体验升级三个维度来统筹房车营地在城市游憩中心地的营建策略。

第六章研究了在生态敏感区建设房车营地的调适共享策略。明确在生态敏感区的营建应以生态保护为第一位，但是也要寻求合理利用资源的机会。因此，对露营活动在空间格局、时间格局及行为格局三个层面实现最小化游憩冲击。同时，自然对露营也有一定的限制和威胁，主要来自极端天气产生的洪涝和径流及冬季风雪。另外，在生态敏感区的房车营地还应该有自组织性。

第七章对分层建立的营建策略进行综合，进一步探讨策略体系在实践中的运用，指出在房车营地建设实践中，环境要素是复杂的，可能要综合三种类型的共享关系来解决实际问题。

二、研究方法

本书是针对房车营地营建策略的理论研究，需要多学科交叉综合研究，以及大量的案例分析和调研，以得到科学的、适用的房车营地营建策略。因此，本书选取了如下研究方法。

（一）文献分析法

通过多个中外文献数据库，检索与房车营地和共享发展理念相关的文献，多角度了解该研究领域的研究角度、研究方法和发展趋势。首先，找出我国房车营地建设理论的缺失，从而为本书的研究定位。其次，分析已有的国内外研究成果，以寻求研究思路和理论工具。最后，通过相关学科文献的大量阅读，寻找相关性，以找到最佳契合点支撑理论体系的构建。

（二）学科交叉的研究方法

房车营地研究具有跨学科性质，除了建筑学理论，还要运用自然科学和社会科学的相关理论，将城市规划学、土地利用学、游憩生态学、管理学、经济学、行为心理学等学科贯穿于研究内容。跳出固守的学科壁垒和局限的研究视角，用灵活开放的研究思维深入分析汽车露营地的形成与发展，建立科学严谨的理论体系。

（三）定性、定量与混合研究相结合的方法

所有的研究策略、统计过程都有局限性，所以本着道不忌器的原则，运用质性和量化及混合研究对基于共享发展理念的房车营地建设进行定义、定界、定局，从而全面深入地进行科学论述。通过定性研究，运用不同的知识观、研究策略和资料收集与分析方法，建构严谨的研究理论；然后采用定量的分析方法，对房车营地与露营者、生态环境、区域发展等方面的关系，在技术层面上进行理性分析；混合研究有效结合两种研究方法的优势，拓展研究的广度，挖掘研究的深度，使两种方法互补，产生更加丰富的研究成果。

（四）典型案例分析

案例分析是建筑学理论研究中最常用的方法之一，本书包括实地案例的调研和经典案例的收集两个方面。深入挖掘典型案例的深层建设理念，以及在实际运作中产生的影响和出现的问题，从而在营建策略的理论构建中扬长避短。另外，通过对一些典型案例整个生命周期的分析，可以从适应性角度找出适合我国房车营地发展的营建策略。

（五）问卷调查法

本书的问卷调查主要分为两个群体：房车营地的运营管理者和房车营地的使用者。对管理者的问卷调查基本上是开放式问题，因为他们是最直接持续的营地观测者，可以综合评价营地环境和使用者情况；对使用者则运用固定问题和开放式问题相结合的方法，因为房车营地的使用主体是露营者和有意愿使用房车营地的人群，他们的结构组成、行为特点和偏好对露营地营建策略的研究至关重要。

三、研究框架（图1-7）

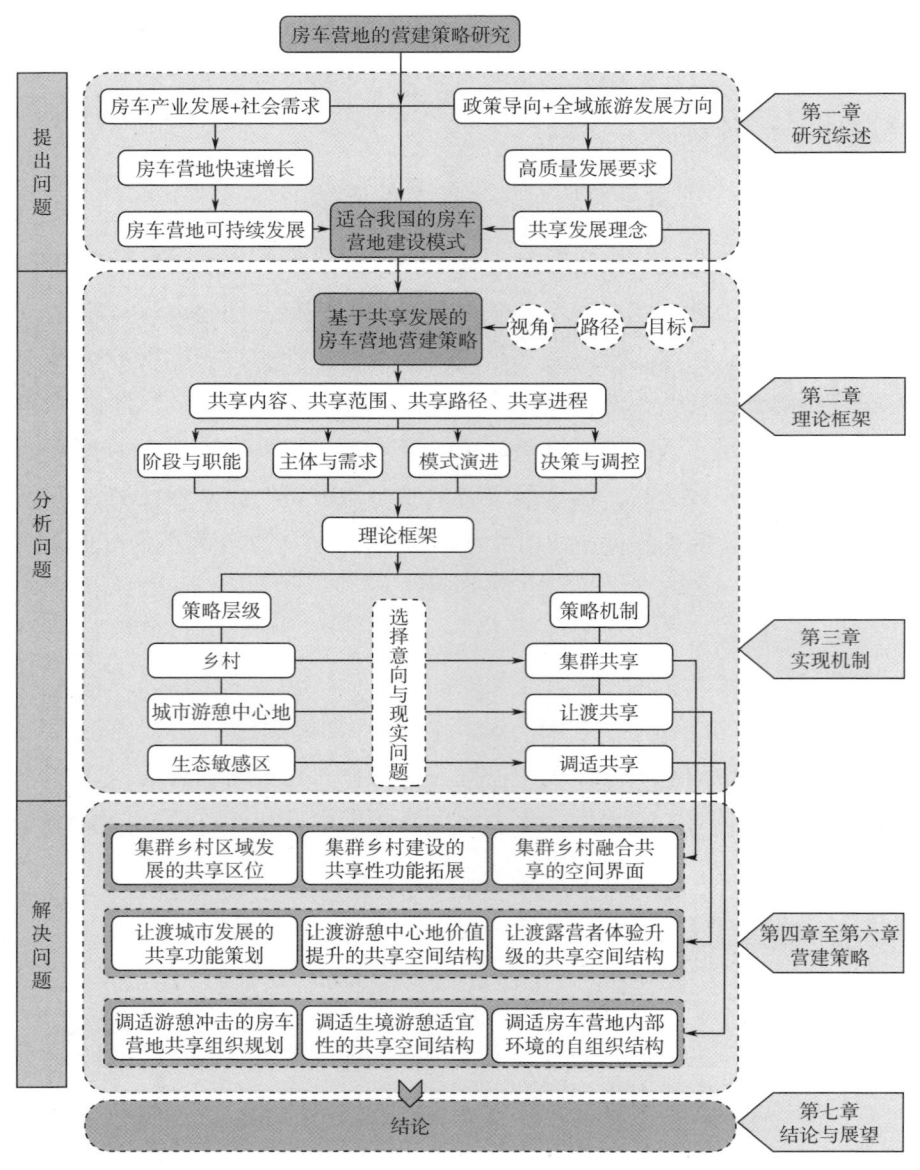

图1-7　研究框架图

第二章

房车营地的共享营建理论框架建构

露营文化有着悠久的历史，露营旅游最早可以追溯到 16 世纪。作为现代露营旅游的重要方式——房车露营最初产生于 19 世纪末的欧美国家，在第二次世界大战后得到突飞猛进的发展。亚洲国家的露营地发展最早出现于日本，其模式与欧美国家一脉相承，直至 20 世纪 60 年代后期逐步建立起融合日本文化与精神的营地模式。我国的房车露营行业起步晚，不可能从国家的发展历史中寻找参照系，因此与日本的发展过程一样，在经历了仿效国外房车营地建设模式的初期阶段之后，决策者和规划设计者开始思考如何将房车露营这一新颖的文化和产业模式与我国社会、经济、环境、文化融合。共享理念作为今后一段时期引领中国的发展思路、发展方向，既顺应当前我国经济社会发展的新形势、新机遇和新挑战，又蕴含着鲜明的问题意识。将房车营地的建设发展与共享理念深度融合，正是符合我国发展需要，并具有我国特色的房车营地建设发展的实现路径。

第一节　房车营地的共享营建理论基础

　　房车营地属于城市公共游憩空间的一部分，包括游憩物质空间和游憩行为空间，同时还包括生活空间，是一个多元复杂的综合体。因此，房车营地研究的理论基础应该包括区域科学理论（基于房车营地与区域环境、资源密不可分，协同共享发展才是可持续发展之路）、社区理论（基于房车营地是生活、交往、休闲娱乐等功能的空间载体，类似于临时社区的性质）、游憩地生命周期理论（基于房车营地由游憩空间和游憩主体来实现价值，且生命周期理论对房车营地的决策具有重要意义）、生态系统服务理论（基于房车营地依赖于自然或半自然提供的游憩机会，理解生态系统服务对房车营地选址具有重要价值）等。规划设计者需要以这些理论为基础，建立跨学科的整体性思维，来主导今后我国房车营地的规划建设。

一、区域科学理论

　　区域是地理空间的一种分化，具有整体性和结构性特征。区域的整体性是由内部强烈的联系决定的，区域内某一局部的变化会导致整个区域的变化；结构性指区域的构成单元按一定的联系产生具有层次性、自组织性和稳定性的结构。区域科学是将区域作为一个有机整体（自然、社会、经济）进行研究的科学，具有地域性、综合性和实践性。区域科学研究的前沿问题包括均值地域上的区位问题、空间相互作用、地域结构，人口、资源、环境与发展的协调问题等。房车露营离不开露营者的空间位移，区域间旅游资源的差异、目的地之间的连通、用地选址的适宜性等，这些问题都与区域科学有关。因此，区域科学提供的一些概念和分析性研究对房车营地空间规划具有重要意义。特别是本书主要研究房车营地在不同区域的营建策略的构建，区域科学的引入具有指导意义。

区域科学自1954年艾萨德（Isard）成立区域科学协会并创办区域科学杂志以来，经历了60多年的发展历程。区域科学的基础是区位论，区位理论最早来源于古典经济学，自19世纪初以来，区位理论先后形成了四个有代表性的理论。1826年，德国经济学家杜能（Thune）创立了农业区位论；1909年，德国经济学家韦伯（Weber）提出工业区位论；1933年，德国地理学家克里斯泰勒（Christaller）提出中心地理论；1940年，德国经济学家廖什（Losch）把中心地理论发展成为产业的市场区位论。以发展阶段来划分，区位理论包括古典区位论（农业区位论和工业区位论）、近代区位论（中心地理论和市场区位论）和现代区位论。古典区位论着眼于个体成本和运输成本最低化的区位选择，近代区位论着眼于市场的扩大和优化，现代区位论是第二次世界大战后由艾萨德将区位从个体决策发展到区域总体、从静态到动态、从抽象到具体的应用性区域模式研究，把研究从经济技术的范围扩展到社会领域。决策目标不仅包括区域利益的最大化，还包括消费者效用的最大化。20世纪七八十年代，区位论研究的范围更加广泛，空间性、区域性、系统性成为现代区位理论研究的主要特征。

房车营地区位的选择不仅对房车营地的特色建设具有重要影响，还关乎资源配置和利用效率的问题。在房车营地的建设热潮下，很多建设项目往往只关注旅游资源的禀赋情况，也就是选址的审美层面，使房车营地沦为著名景区标新立异的"旅馆"或者可以住的"停车场"，忽视了房车营地既集约利用区域资源又促进区域发展的互补互馈关系。另外，游客需求的多样性也要求房车营地的区位选址应综合评估区位条件，借助区位交通、气候及资源等优势来满足不同人群的游憩需求。因此，区域科学理论对房车营地的区位选址、空间布局、集约利用资源等方面都有重要指导意义。

二、社区理论

社区（community）意为"共同的东西"和"亲密伙伴的关系"。一个社区应满足以下条件：一定的区域，特定的人群，有一定的组织形式、共同的价值观、行为规范及相应的管理机构，有满足成员的物质和精神需求的各种生活服务设施。社区的特性与房车营地的特性高度契合，由于房车营地具有居住功能，更像是临时社区，在营地内部形成一种隐性的社区感。除了营地内部，营地与选址周边区域居民也形成了一种人人参与的局面，在参与的过程中实现人人对房车营地发展的责任分担和对房车营地发展成果的共享。

我国社会学和人类学奠基人之一的费孝通先生指出，"社区建设硬件是必要的，但软件更重要，要使社区真正成为一个守望相助的共同体，还得依靠居民的共识。共识来自共同的需要和活动，我们要面向有着不同需求的居民，找到大家共同的生活内容和共同的活动方式，为居民的共识建立一个现实的基础，也需要创造条件，帮助居民形成集体生活的行为习惯和道德意识。"因此，房车营地社区化营建既要形成一种"社区精神"，即社区感的营造，又要建设"有形的社区"，即社区化建设。

（一）社区感的营造

社区感（sense of community / psychological sense of community）由萨拉森（Sarason）在1974年提出。目前对社区感的界定有两种认识取向：地域性社区感和关系性社区感。前者强调社区成员对某一特定地域的依恋和认同；后者强调社区成员在以共同兴趣或利益结成的特定组织中的心理联系。随着研究的深入，学者们发现，社区感并不单纯是一种地域归属或者群体认同，而是二者的有机结合。

社区感的营造对房车营地在我国的营建至关重要。首先，社区感的营造目的是提升露营者的忠诚度和归属感，而忠诚度是房车营地能够持续发展的重要因素。研究表明，社区感与人们的参与行为呈正相关，更多地参与行为才会产生更多的责任意识和心理、情感上的联结。其次，应培养区域周边居民的社区支持感，即发展房车营地的回报，这种回报可以是生活条件的改善、福利的提升、环境的优化等。支持感提高才会有发展的积极性。因此，引导露营者和当地居民对房车营地产生归属感、认同感，提高责任意识和服务意识，形成人人参与、人人共享的紧密社区感尤为重要。

(二) 社区化建设

房车营地的社区化建设包括社区化规划和社区化基础设施建设。前者是对房车营地统筹安排，发挥优势，实现综合发展的总体目标，并进行统一部署；后者根据综合规划对各功能区的发展要求，详细规划本功能区的建设布局。一方面，社区化规划是明确房车营地发展条件和优势，制定合理的发展预期目标和发展规模，确定作为"社区"服务的结构和调整方向，安排重点建设项目和单项发展规划。

另一方面，社区化基础设施建设首先要满足营地内部的基础设施需求，同时作为一种公共服务的延伸，惠及周边居民。研究发现，公共空间通过提高成员偶遇的机会能促进社区感，相较公共空间的大小和规模，其质量对社区感的形成有更重要的意义，特别是一些能够促进交往、交换的场所。因此，房车营地在乡村的建设应该更多地关注露营者之间、露营者与周边居民之间增加交往与交换的高质量空间的建设。

三、游憩地生命周期理论

一般认为游憩是娱乐性活动，但实际上游憩是涵盖休闲与娱乐的更为广泛的范畴。一般游憩可以定义为与工作无关，同时有着积极的、能使人恢复健康和愉悦身心的活动。游憩还是一种社会行为，在游憩过程中生产、消耗和积蓄能量。游憩理论是探索游憩活动之于人的价值和意义，以及游憩与社会、文化的作用关系的科学理论。从人的行为心理角度研究游憩的理论有很多，主要经历了三个阶段：经典理论主要从人性的角度，解释娱乐游憩的形成机制，包括剩余能量理论、本能理论、重演理论等；近代理论主要关注娱乐行为的内涵和目的，解释游憩行为的价值和意义，包括补偿理论、类化理论、自我实现理论等；现代游憩理论关注剩余行为的存在，试图解释为什么在所有需求都得到满足之后仍然要从事或参与游憩活动，主要包括能力动机理论和激励寻求理论，能力动机理论认为游憩的主要目的是证明能力、控制环境和产生效应，激励寻求理论则认为游憩是能够提高个体激励水平的行为，是由个体与环境、个体与社会互动需求产生的行为。游憩理论中关于游憩者行为心理的深入研究为房车营地满足多样化游憩需求，为自下而上地进行营建策略的构建提供了理论支撑。

游憩产品生命周期理论是将游憩地和游憩产品作为研究主体的理论。"游憩产品"是一个复合的概念，包括游憩地景观、设施和服务，是旅游地生命周期理论的延伸。加拿大地理学家巴特勒（Butler，1980）认为任何旅游地不可能永远处于同一水平，而是遵循开发、起步、发展、稳固、停滞、衰落或复兴的发展规律。这一发展规律对房车营地的开发建设具有重要指导意义，科学评估房车营地所处的发展阶段就可以有针对性地制定发展策略。例如，若处于稳定期及之前的发展阶段，建设重点应放在资源开发、设施提升和形象认知等方面；若处于停滞期及以后的发展阶段，则应重点关注整合优化旅游资源和寻求新的合作，将衰落逆转为复兴。

随着人们对生态环境的日益关注，游憩学与生态学、管理学的交叉学科——游憩生态学成为人们研究游憩活动与自然环境互动关系的指导性理论。游憩生态学自 20 世纪 60 年代中期开始被人们广泛认识。早期的游憩生态学研究主要集中在游憩活动对植物生理特性产生的影响，以及物种和环境的对游憩冲击的抵抗力和恢复力。如今的游憩生态学研究涉及游憩活动对生态系统中所有资源的影响。游憩生态学为房车营地在自然或半自然的环境中寻求减少游憩冲击与获得游憩机会的平衡，以及制定具体营建策略提供了理论依据。

四、生态系统服务理论

生态系统服务（ecosystem services，ES）这一概念最早是由保罗·艾里奇（Paul R. Ehrlich）和安妮·艾里奇（Anne H. Ehrlich）于 1981 年首次提出的。经过几十年的发展，其内涵已经取得基本共识，即用生态系统产品和服务来表示人类从生态系统中直接或间接获得的利益与福祉。生态系统服务虽然无法像商品一样用货币来衡量价值，但却像商品一样给人类生活带来实际价值，包括供给服务、调节服务、文化服务和支持服务。其不仅为人类提供生产、生活原料，还为人类提供了休闲、娱乐与美学的享受。生态系统服务还蕴含了生态系统与人类的相互作用关系，一方面，人类依赖生态系统并从中受益；另一方面，人类也能通过改造和建设来提升生态质量。

景观游憩力就是生态系统服务为人类提供的价值之一。基于自然的休闲娱乐价值正是依赖于自然环境所赐予的游憩潜力，这种景观游憩潜力通过景观要素来衡量，包括地形、植被、水文、气候等，也包括那些被人工改造和利用的自然要素，还要结合当地的人文景观要素（如遗址、聚落等），设施和可达性也是影响游憩体验的重要因素。同时，景观要素还因游憩者文化背景的不同而产生不同的感知，即便具有同样的游憩目的，社会群体或个人对同一景观环境的评价也会存在很大的差异性。总的来说，景观游憩潜力应该是兼顾景观复杂性和游憩活动多样性的用地环境潜力。房车露营作为休闲娱乐形式的一种也依赖于自然或半自然景观带来的游憩机会。因此，景观的游憩潜力直接决定着房车营地的选址是否具有吸引力。图2-1显示了房车营地从生态系统服务中获取游憩潜力的过程。

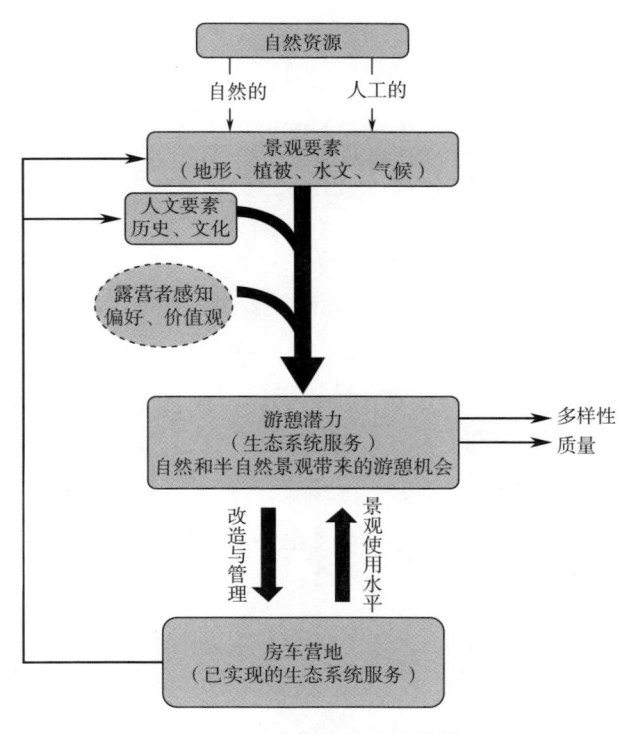

图2-1 房车营地景观游憩潜力

第二节　房车营地的共享营建内涵

与固有思维认为房车营地是少数特权阶级独享的娱乐场所不同，房车营地产生的初衷是教育和健身，其经过一个世纪发展而演化出的响应灾害、临时社区和养老保障等社会职能都与国人对房车营地"高端神秘"的印象相去甚远。因此，对房车营地经历的不同社会发展阶段的特征、职能、使用者需求和发展趋势的分析对房车营地建设与共享发展理念的结合具有非常重要的价值和意义。

下文对房车营地的发展历程进行历时性分析，通过对房车营地使用者需求、职能、模式以及发展方向的梳理，来解答基于共享理念的房车营地的内涵与原则，即房车营地由谁共享、共享什么、如何共享及共享的步骤。

一、阶段与功能决定了全面共享的营建内容

房车营地始于西方国家，经历了一个多世纪的演化，从最初只向男性青少年推广的"夏令营"，发展到如今可以容纳不同社会阶层、性别、年龄的使用者，并能提供多样化户外体验和活动的房车营地。其推动因素除了社会、经济、文化的发展，以及人们思想的转变，还有房车营地对所处社会环境和需求的快速应变能力，体现出很强的适应性。不同的历史阶段会激发房车营地不同的社会职能，对房车营地的阶段特征与社会职能的历时性分析，可以为我国房车营地的精准定位和挖掘潜能提供研究思路。根据国外房车营地的发展历程可以将房车营地的发展分为五个阶段：萌芽期、停滞期、恢复期、发展期和成熟期（图2-2）。

（一）萌芽期：19世纪末至20世纪初——教育、健身职能

现代露营地的出现要追溯到19世纪末到第一次世界大战爆发前，露营文化出现过一个短暂的"黄金时代"。这个阶段露营地的建立和发展在很大程度上是出于慈善或政治动机，慈善家和政治先锋们试图创造理想主义的避风港，

萌芽期	停滞期	恢复期	发展期	成熟期
19世纪末至20世纪初	两次世界大战期间	战后初期	20世纪60年代至20世纪末	21世纪初至今
男性青少年 教育、健身	无家可归者 疏散、救助	工人阶级 社区、交流	以家庭为主的 社会各阶层 娱乐、休闲	社会各阶层 养老、游憩

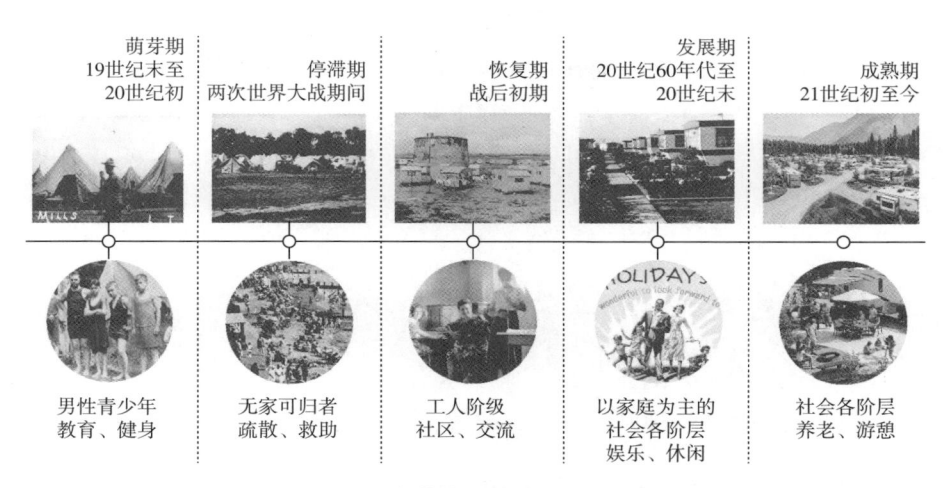

图 2-2　房车营地发展阶段与社会职能

主要面向青少年（男性），让他们能够享受健康户外活动，提倡集教育、健身于一体的"理性娱乐"，并希望让工薪阶层的年轻人和家庭能够前往沿海和农村，以缓解大型工业城镇和市中心过度拥挤的状况。同时，反城市化运动也进一步推动了在农村和沿海地区建立露营地的需求。而后，随着中产阶级的不断壮大，度假的概念开始流行，人们对假日休闲形式的露营地的需求也变得迫切，营地的慈善和政治性质逐渐消失。越来越多规模较小的露营组织成立，露营文化逐渐形成。这一阶段，大众普遍认为露营是一种有益健康和自由独立的休闲文化，在露营地能够享受一种平价且富有冒险精神的度假生活。

（二）停滞期：两次世界大战期间——疏散、救助职能

两次世界大战之间，是一段充满矛盾和不确定因素的时期，各领域都处于停滞状态，失业率达到前所未有的程度，但某些方面也取得了进展。例如，英国在1939年颁布的《营地法》（*Camps Bill*）就为战时的营地建设扫清了障碍，法案明确表示"政府将承担部分营地建设的费用，在战时营地将主要用来安置儿童、难民，紧急情况下作为医疗救助场所，在和平时期，使用营地应承担一定的维护费用"，以此实现在和平时期营地形式的转变。战后营地的发展方向被认为应该是全部国有化，营地可以完全受国家调控，但最终未能实现。

两次世界大战之间对房车行业来说的一件大事是1932年国际房车露营协

会成立，总部设在比利时布鲁塞尔，是联合国下属的非政府组织和全世界房车露营的权威机构，它的成立标志着世界性房车露营活动的正式开始。作为保护和提升房车露营活动的代表，联合会以环保、节约、自然、自由为宗旨，每年一次在文化旅游资源不同的国家举办世界房车露营大会，使营员意识到在露营的同时保护环境和尊重文化传统的重要意义，被称为"露营文化奥运会"。其在技术上提供支持，在交流上提供平台，着力推进露营活动的国际化发展。

（三）恢复期：战后初期——社区、交流职能

战后初期，经济开始复苏，就业率增加，制造业回到和平时代水平，汽车保有量不断上升及交通基础设施的改善，都对房车旅游业产生了直接影响。与此同时，随着分期付款计划的普及和带薪休假制度的真正落实，社会对房车行业的信心和稳定性开始显现，到20世纪50年代，房车露营进入新的"黄金时代"。

首先是消费主义的盛行，战后工人阶级希望回归"完全和平"，追求更好的生活，不仅包括体面的住房、稳定的工作和完善的社会保障，还包括不受过度控制和监管的自由。因此他们会逐渐寻求独立、个性化的社交和娱乐选择。同时，人们开始转变思维，认为汽车不仅是一种交通工具，更是一种娱乐工具。房车制造业对这一需求迅速做出了反应，为房车露营的蓬勃发展提供了助力。

除了人们对休闲娱乐态度的转变，另一个促成战后早期露营地迅速复苏的因素是成本。在战争刚刚结束的经济紧缩时期，住房短缺，工人阶级可以以很低廉的价格购买二手房车，将其作为临时住房，此时的房车营地更像是临时社区。而在假日休闲方面，许多工薪阶层家庭无法负担更正式的商业假日旅游体验，至少不是定期的，并且还没有足够财力拖着房车四处旅行，大多是买一个房车在固定地点停放，作为度假屋使用，闲时转租，这样又为经济条件较差的人创造了露营体验的机会。

（四）发展期：20世纪60年代至20世纪末——休闲娱乐职能

此时经济的健康走向和由战后初期建立起来的行业信心，使人们对房车露营的需求更大，再加上购买和租用房车的便利性，在20世纪60年代，房车露营成了"全民参与"的休闲活动。人们对露营的要求更高，对正规的服务和设施及私人订制式的露营方案需求变得迫切，因此社区的性质不可避免

地开始淡化，房车营地开始走向商业度假村模式，变得更像"房车公园"（RVpark）。此时的房车营地表现出两个特点——多样性和适应性。

多样性体现在用户群有了明确的分层，从20世纪80年代到20世纪末这20年，房车的生产急剧增长，房车行业处于良性增长阶段。这个时期的房车营地往往是社会的缩影，拥有不同层次的客户群：拥有私家房车的中产阶级、预算有限的普通工薪家庭、淡季长期租住的低收入者。可以说这是房车营地第一次有明显的社会分层感。虽然社区的用途淡化，但房车营地仍然有一种社区的气氛，甚至有一种有形的社区感。

房车营地的适应和应变能力凸显。房车制造商和房车营地经营者清楚地了解客户不断变化的需求，并能够及时地做出相应的调整。房车公园通过提供和组织吸引不同客户群的商品和活动，来适应不断变化的露营诉求。房车行业试图转变早期"穷人避难所"和"公路旅馆"这样的标签，重塑行业形象，进一步开发市场。

处于发展期的房车行业，房车露营活动也日益活跃，由国际房车露营协会组织的露营活动在人数和规模上都达到了顶峰。其中1969年在英国举办的世界房车露营大会有来自22个国家的13650人参会；1979年同样是在英国，有来自24个国家的17443人参会，世界房车露营大会达到了空前的规模（图2-3）。房车露营作为一种特色文化活动被推广到世界各地。

（a）1969年，英国

（b）1979年，英国

图2-3　国际露营大会的两次盛况

(五) 成熟期：21 世纪初至今——养老、游憩职能

随着 20 世纪的结束和信息化时代的到来，在接下来的 10 年里，全国性质的房车营地连锁企业出现，这些连锁企业以建设或加盟的形式拥有几百甚至上千个遍布全国的房车营地。这些机构每年都会对营地进行严格的标准化检查，提供专业的技术咨询和具体的建设指导。同时推行会员制，露营者可以得到更多共享服务并节省开支。例如，世界最大的私营露营地集团 Kampgrounds of America（KOA），在美国和加拿大拥有 500 多个露营地。欧洲的 ACSI Eurocampings，有超过 300 名 ACSI 营地检查员根据近 200 个设施列表检查每个营地，其营地数据库包含超过 9900 个欧洲露营地的细节信息，露营者可以从超过 200 项设施中选择心仪的房车营地。其他房车连锁企业还有英国的 The Caravan Club、澳大利亚的 BIG4 等。

房车营地建设、管理更加规范化、体系化，提供的设施和安全性更有保障，在休闲娱乐职能继续盛行的同时，其作为养老社区的功能也日益凸显，有越来越多的老年人愿意选择价格更低廉、环境更优美的房车营地作为长期居住的场所。因此，很多营地都提供了更加便利的无障碍设施，满足老年人的餐饮、社交、医疗等需求，还有的营地会提供小块的菜地或花园。

综上所述，房车营地并不局限于人们印象中的中高端旅游，其在不同的历史阶段发挥着重要的社会职能（表 2-1），并且房车营地对社会各阶层、不同年龄和性别的使用者都具有包容性，这些职能对我国的房车营地建设发展有着重要的借鉴意义。

表 2-1 房车营地的发展历程

项目	萌芽期	停滞期	恢复期	发展期	成熟期
时间	19 世纪末至 20 世纪初	两次世界大战之间	战后初期	20 世纪 60 年代至 20 世纪末	21 世纪初至今
职能	教育、健身	疏散、救助	社区、交流	娱乐、休闲	养老、游憩
主体	男性青少年	无家可归者	工人阶级	以家庭为主的社会各阶层	社会各阶层
推动因素	理性娱乐、反城市化运动	社会动荡、经济衰落	消费主义盛行、房车成本低	经济复苏、个性化需求	规范化、体系化发展

续表

项目	萌芽期	停滞期	恢复期	发展期	成熟期
地点	农村、沿海	农村、沿海、工业腹地	战时重建或扩大	经过许可的新址	有建设许可的景观区
模式	以帐篷为主的野外营地	设施简陋、没有明确边界	开始长期固定于一个地点，有明确边界、道路及基础设施	现代化的设施和多样化娱乐活动	划分出短期游客使用和长期居住社区

从西方国家房车营地发展的轨迹来看，房车的出现与西方国家进入工业化社会后经济、技术的进步和人民觉醒的独立意识有着密切关系。而同一时期我国正处于农业社会，房车营地在我国的出现比西方晚了一个世纪。因此，我国房车营地的建设发展必须用更高的效率和更好的质量来走出适合我国国情的发展之路。共享发展理念与之有着与生俱来的耦合性，共享发展理念的内涵之一就是全面共享，发展的全面性包括综合经济、文化、社会、生态等因素，缺一不可。而房车营地正是社会资源、环境资源和文化资源等要素的综合作用产物，在赋予房车营地多样化社会职能的同时赋予了共享属性。全面共享还蕴含了发展机会均等的深刻内涵，与房车营地全域发展战略不谋而合，通过对房车营地发展历程的梳理可以发现，房车营地具有极强的适应性和应变能力，几乎可以在任何区域类型中建设发展，并能与原有地区资源相融合，激发出更大的发展潜力。这就为房车营地在农村、特色小镇、城市游憩地等区域类型中的建设发展提供了机遇，也使不同地区能共享房车营地带来的产业资源和发展活力，从而实现全面共享。

二、使用者主体需求决定了全民共享的营建范围

在分析了房车营地共享的内容之后，作为房车营地主体的"人"也是非常重要的决定因素。想要实现共享就不应将权力集中于少数人群，因此，必须分析房车营地的主体覆盖范围，即由谁来共享的核心问题。

（一）西方国家的房车营地主体结构与需求

因房车营地发展至今已演化出娱乐休闲、居住、教育、养老等多样化的

职能，因此房车营地的使用者也表现出多元化结构。西方国家的房车营地发展时间更长，表现为更加复杂的主体结构。按使用目的主要分为三类：永久居住、长期居住和短期居住（图2-4）。永久居住包括常年住在房车营地的永久居民，也包括选择常年住在营地移动房屋里的旅人，还包括永久住在自己的房车里，但不固定于一个营地的旅人。这种在房车营地内有永久居住权的现象在澳大利亚非常普遍，约有6.5万老年人选择住在营地中，原因包括更低的生活成本、方便、优越的地理位置、便利的设施、有安全保障以及更接近家人或朋友。

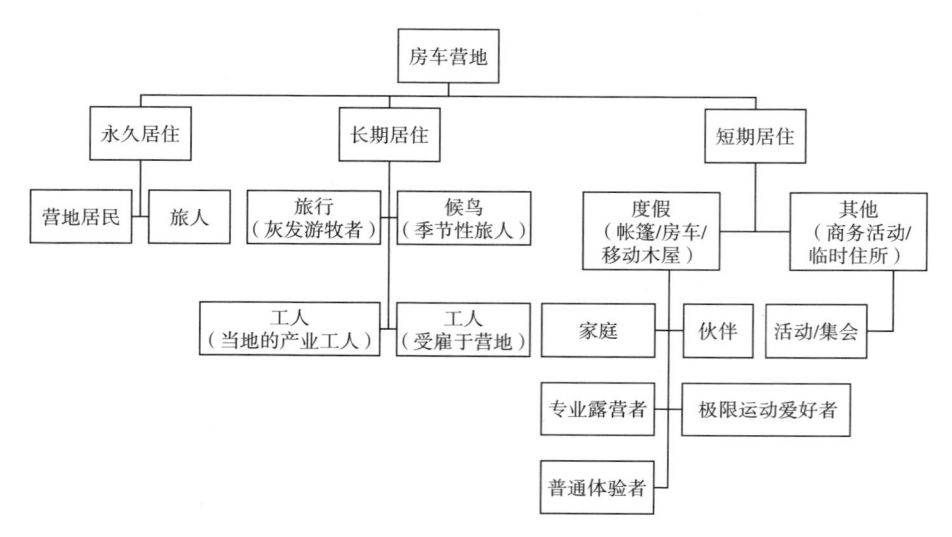

图2-4 国外房车营地使用者需求分析图

长期居住于营地的群体与永久居住群体不同的是，使用有季节性，他们通常有自己的固定居所，长时间旅行是为了寻求愉悦的旅行体验和舒适的气候。其中一个群体被称为"灰发游牧者"，这个群体指55岁以上的露营者，根据罗伊·摩根研究所的调查，灰发游牧者更喜欢驾着房车旅行，选择房车的比例比普通旅行者高42%；而还有一群被称为"候鸟"的露营者，在冬季，他们为躲避寒冷会迁徙到一处温暖之地，一般会在一个营地逗留4~5个月。另外，有一类露营者会把他们的房车停在一个固定的营地，每到节假日都会到这个营地来度假；还有一类非传统型的露营者，他们使用房车营地不是为了休闲娱乐，而是作为居住地来使用。他们通常是受雇于当地的产业工人，出于地理位置、便捷性和消费能力等因素而选择临时居住在营地。在美国还有一类人受雇于营地，通过为营地提供服务（通常是维护和管理的工作）来换取营位和设施的使用权。

短期露营者的特点是利用节假日等有限的时间来体验户外露营的乐趣。美国的一项研究发现短期露营者一般分为五类：家庭、伙伴、专业露营者、极限运动爱好者和普通露营体验者。在国外通常家长们认为露营是性价比较高的旅游选择，父母可以给孩子高质量的陪伴，孩子也可以有更多的户外活动和学习的机会。越来越多的成年人也愿意带父母来体验这种健康的休闲活动；而"伙伴"指的是那些有共同爱好的朋友，他们在营地内可以狂欢、聚会、组织和参加音乐节等主题活动；专业露营者享受利用帐篷、房车来体验露营的乐趣；极限运动爱好者主要是男性，追求的是原始的、刺激的和富于挑战性的荒野体验；而作为绝大多数普通人对露营的认知就是户外、篝火晚会、帐篷和社交活动。其他短期露营还包括组织的露营活动，例如露营大会，它们的范围从十几人到几万人。非传统的短期群体还包括一些个人或商业用途，例如婚礼、会议等。

最为复杂的短期露营者群体，表现为更加具有包容性的结构组成。以美国为例，在露营者的社会结构和生理组成上呈现出多样化，不同年龄、不同性别、不同种族、不同职业的露营者共同组成了多元化的房车营地。在性别上，男性和女性几乎各占一半；在年龄上，超过一半的露营者是在20~55岁；在种族上，虽然白人占绝大多数，但值得注意的是近几年快速增长的亚洲露营者，《北美露营报告》数据显示，在2017年亚洲新露营者增长率是美国新露营者的3倍。每个群体都有不同的行为习惯，因此房车营地呈现出多元与包容的特点（图2-5）。

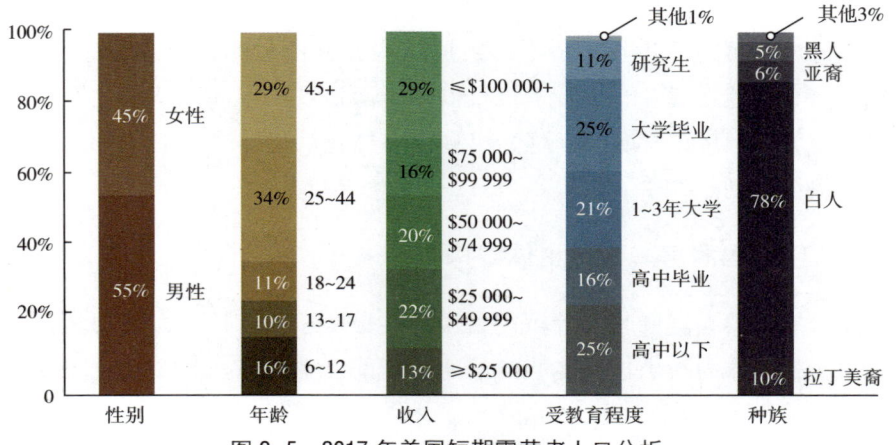

图2-5 2017年美国短期露营者人口分析

2018年的《北美露营报告》显示，虽然人口的组成结构多样，但不同种族的露营者对房车营地的关注点差异并不大，他们选择房车营地的决定性因素主要集中在安全性、清洁度、设施的配备，以及对儿童和宠物的关注等方面（图2-6）。而表现出更多差异性的是不同年龄层的使用者，不同年龄层在对房车营地的期望方面的调查显示，年轻的露营者更想寻求更多不同类型的露营体验和更高质量的住宿条件、设施、服务等，而年长的露营者则更期望长期在营地内生活，并有较好的服务和环境（图2-6、图2-7）。

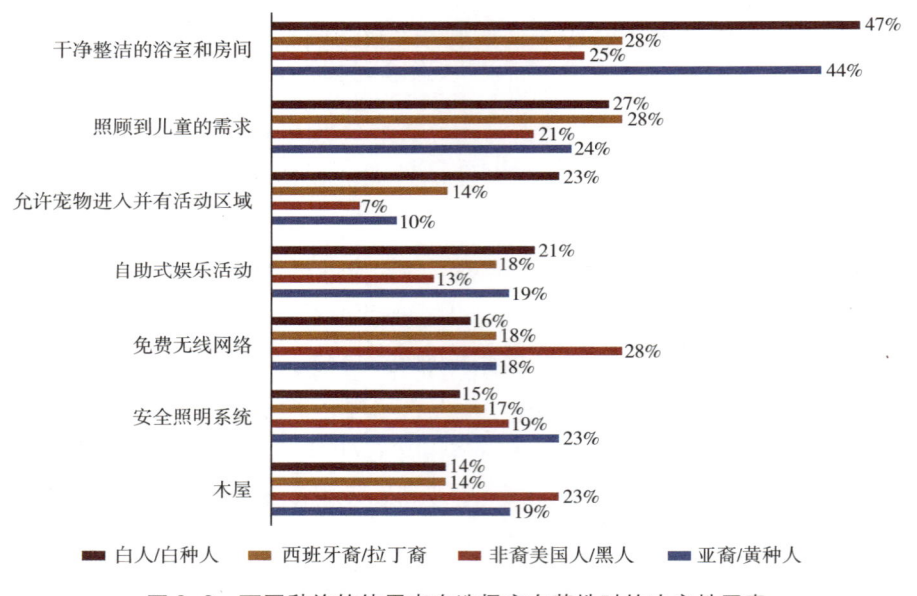

选择因素	白人/白种人	西班牙裔/拉丁裔	非裔美国人/黑人	亚裔/黄种人
干净整洁的浴室和房间	47%	28%	25%	44%
照顾到儿童的需求	27%	28%	21%	24%
允许宠物进入并有活动区域	23%	14%	7%	10%
自助式娱乐活动	21%	18%	13%	19%
免费无线网络	16%	18%	28%	18%
安全照明系统	15%	17%	19%	23%
木屋	14%	14%	23%	19%

图2-6　不同种族的使用者在选择房车营地时的决定性因素

国外房车营地建设较为成熟，组成结构和使用目的也更为复杂，因此，对国外房车营地露营者的分析不仅可以较全面地观察不同露营者之间需求的差异，也为我国房车营地未来可能出现的多样化功能需求和必然的国际化发展趋势提供预判。

（二）我国的房车营地主体结构与需求

我国房车营地发展时间较短，大众的接受度还有待提高，绝大多数使用者将房车营地作为娱乐休闲体验的场所，因此，主体结构和使用需求相对单一。但随着房车露营的逐步大众化，主体结构开始呈现出多元化的趋势。我

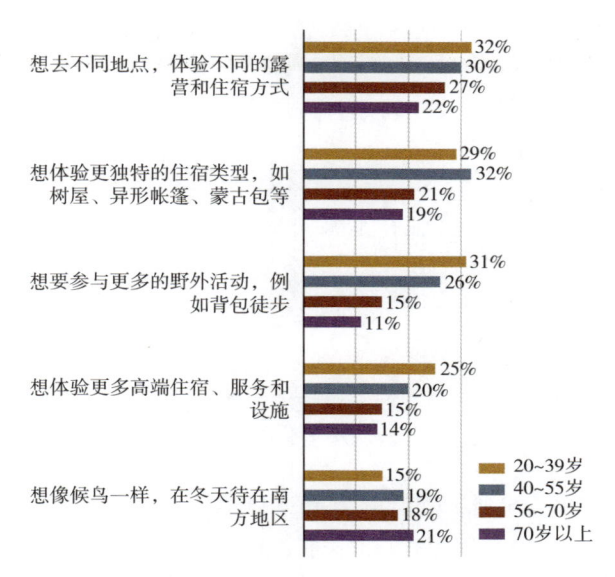

图 2-7 不同年龄的使用者在选择房车营地时的决定性因素

决定性因素	20~39岁	40~55岁	56~70岁	70岁以上
想去不同地点，体验不同的露营和住宿方式	32%	30%	27%	22%
想体验更独特的住宿类型，如树屋、异形帐篷、蒙古包等	29%	32%	21%	19%
想要参与更多的野外活动，例如背包徒步	31%	26%	15%	11%
想体验更多高端住宿、服务和设施	25%	20%	15%	14%
想像候鸟一样，在冬天待在南方地区	15%	19%	18%	21%

国使用者预订房车营地的渠道以在线旅游（OTA）线上预订为主，占比65%。根据同程网的在线预订数据，露营者在性别结构上男女基本持平；年龄结构方面，27~36岁占比43%，37~46岁占比28.6%，47~56岁占比18.9%。而这个年龄层的露营者基本都是以家庭为单元进行露营的，其成员主要包括掌握消费渠道和消费决策权的"70~90后"；年龄在0~12岁的儿童是家庭消费和出行需求的核心，几乎主要的消费和支出都是围绕孩子的需求产生的，所以满足儿童需求是房车营地功能拓展的核心；还有50岁以上的父母，在我国，三代同行出游的现象非常普遍，老年人群体关注更多的是安全性与舒适性。以家庭为单元的露营群体通常在露营地逗留3~5天。

除了以家庭为核心的露营群体，还有以团体为单元的露营群体，包括露营俱乐部组织的大型露营大会、公司或企业组织的团建、学校或社团组织的冬/夏令营、机构策划的主题性活动，例如音乐节和市集等。团体露营群体通常在露营地逗留5~7天。个人的露营者相对较少，一般是外国游客、户外运动爱好者、摄影爱好者等。个人露营者通常在营地逗留时间较短，一般为1~3天（图2-8）。

通过对房车营地主体结构和需求的系统分析可以发现，房车营地的使用者并不是少数群体的"高端"消费活动，而是具有极强包容性和共享性的

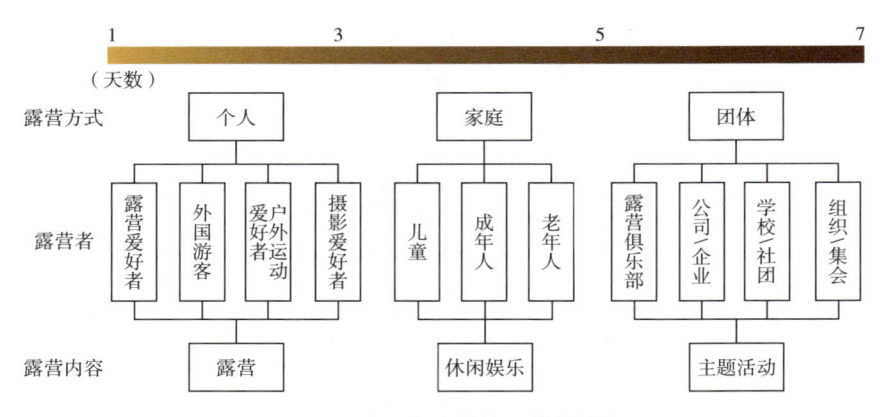

图 2-8 我国房车营地露营者结构

"社区"。没有年龄、性别、阶层的限制，只是一群渴望亲近自然，又追求自由与舒适的露营者。这也是共享发展理念的核心标准，判断一个产业或者行业成不成功，最终的判断标准是人民有没有共同享受到发展成果，这与房车营地的产生初衷和发展成果不谋而合。另外，房车营地的建设必然带动地区经济的发展，增加就业率，使不同阶层、地区的人民都能因为营地建设而受益，使人民共享发展成果。

三、模式演进决定了共享共建的营建路径

房车营地是由房车与周围环境共同作用形成的集居住、游憩等功能为一体的空间环境，房车实际上就是"可移动的房屋"。从广义上来讲，研究房车营地的营建问题就是研究建筑物与周围环境的作用关系，属于建筑学范畴。因此，要实现房车营地共享发展的路径就是将共享理念在空间环境层面进行具体实践。

纵观房车营地的形态和模式演进历程，从战后商业度假营成为现代房车营地的雏形开始，到如今成熟的房车营地空间模式的形成，共享共建的理念始终贯穿于房车营地的建设发展之中。共享共建包括两个层面：人人参与的共同建设和资源共享的协同建设。

（一）形成人人参与的共享共建营地模式

先是调动共同建设的主动性，人人参与共同推进房车营地环境建设向又

好又快发展。这种"自下而上"的建设模式在房车营地模式演化的过程中起着非常重要的作用。最早的现代房车营地雏形是"二战"后的商业度假型营地，但当时的房车营地条件简陋、设施有限，一般没有明确的边界，营地内的道路也是由长期居住于营地的露营者们修建的。而后又进一步增加基础设施，竖起了栅栏和大门，配备了消防设备，使安全性有了保障。随着房车营地的发展和人们独立意识的觉醒，露营者们更希望营地有"家到家"的体验，除了像家一样的方便、舒适外，露营者们还希望营地是一个可以社交的"社区"。经营者们意识到满足露营者心理需求的重要性，于是建造了类似俱乐部的建筑，有简单的桌椅、茶具，这些"俱乐部"很快成为房车营地内的社交中心（图 2-9）。营地还增加了剧院、餐厅和娱乐空间，健身房、网球场、游泳池、保龄球、高尔夫等运动场地以及景观花园。

（a）房车营地地道路建设　　　　　　（b）房车营地娱乐中心建设

图 2-9　20 世纪 50 年代人人参与房车营地的建设（道路、娱乐中心）

（二）与区域资源、环境、文化共享共建的营地形态

共享共建还体现在房车营地与区域的资源共享、联合建设、优化配置等。通过规划突破空间界限，实现价值和效率的最大化，避免重复建设，强化区域间的合作与协调。而共享共建表现在房车营地的空间形态和模式上，中西方房车营地有较为明显的差异，西方国家的房车营地一般是基于地形、地势、景观要素等环境资源进行规划设计；而我国则更倾向于与区域文化、建筑形式等相融合的规划设计。

西方国家的房车营地发展至今已趋于成熟，营地面积相对较大，在空间布局上呈几何化结构，强调一种稳定的秩序感。一般分为营位区、娱乐区和服务区三类功能区。营位布局较为紧凑，依据环境资源类型和营地规模分为三种布局模式：均匀发展型、辐射型和主轴线型。

（1）均匀发展型。这一类的房车营地通常在地势平坦、开阔，地块规整的场地建设，如平原、海滨沙地、低缓的丘陵等。营地规模中等，营位呈直线型排列。服务区一般位于主入口或营地中心，方便对整个营区的管理和服务，娱乐区布置于营地一侧或周围。例如，位于丹麦瓦埃勒（Vejle）的 Riis Feriepark 房车营地就是典型的均匀发展型空间布局，总面积 7 公顷，分布了 185 个房车营位和 61 间移动木屋，娱乐区位于主入口的一侧，虽然面积不大，但室外游泳池、儿童游乐场、迷你高尔夫、乒乓球等娱乐活动场地一应俱全。位于营地中心的综合服务区，提供烹饪、盥洗、购物、房车维护保养等服务（图 2-10）。

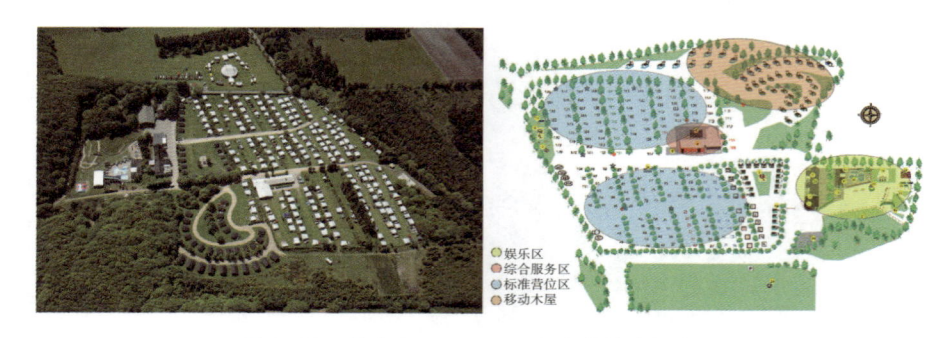

图 2-10　丹麦 Riis Feriepark 房车营地空间布局

（2）辐射型。这一类型的房车营地通常地形相对复杂，景观类型相对较多，依地势和景观类型划分区域，服务和娱乐区域通常在营地的中心，辐射各营位区，以方便对整个营地各个区域进行管理和提供服务。有些还会针对不同季节分区域开放，方便管理和降低成本。例如，意大利南蒂罗尔的 Caravan Park Sexten 房车营地，营地面积 7 公顷，营位区分为六个区域，在营位面积、设施水平、开放时间等方面都不相同。占地面积最大、营位最多的是标准营位区，营位面积 140 平方米，配备饮用水和排污设施等。豪华营位区的营位面积达 300 平方米，虽然离营地中心区最远，但配有独立的泳池和生活设施，更强调私密性（图 2-11）。

（3）主轴线型。营地有明显的主轴线，各营区或服务娱乐区分布于轴线两侧，布局较为紧凑。一般这类房车营地选址在狭长地形或滨水区域。由于地形狭长，会配备多个服务中心。例如，德国的巴特迪克海姆房车营地

- 房车营位面积140平方米，夏季提供上下水
- 房车营位300平方米，全年提供上下水、天然气
- 房车营位300平方米，全年提供上下水、天然气、游泳池、浴室等
- 移动木屋区
- 帐篷区（仅限夏季）
- 树屋

图 2-11　意大利南蒂罗尔房车营地布局

（Campingpark Bad Dürkheim），位于莱茵兰-普法尔茨州中部，营地依湖而建，面积16公顷，呈规则的长方形布局，有一条自入口贯穿整个营地的主轴线，标准营位区和高级营位区分布于道路两侧，共 570 个营位，娱乐区和帐篷木屋区布置于营地的出入口附近。除主入口外，营地内还均匀分布有三个服务中心，方便狭长布局中的每个区域的使用（图2-12）。

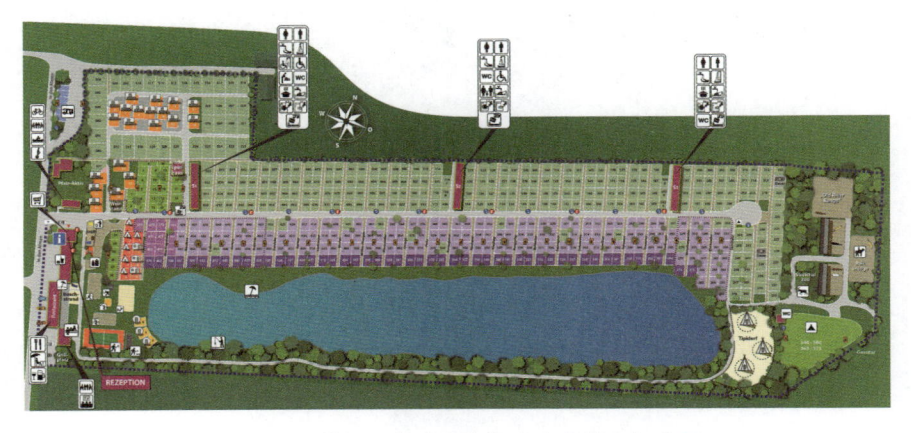

图 2-12　德国巴特迪克海姆房车营地空间布局

我国早期房车营地的建设模式模仿西方国家的痕迹较明显，但随着房车营地数量的激增，人们意识到这种单纯依靠环境资源进行规划设计的营地，无法产生持续的吸引力，同质化严重且较难形成游客忠诚度。因此人们开始转向对本土文化资源的挖掘，房车营地模式也从规则的几何分布模式转向运用中国园林的造园意蕴与几何化营位布局相结合的模式。运用中国园林"曲隐"的造园手法，"曲"表现在房车营地布局中的特点是没有明显的主轴线，其曲线也无规律可循，在空间上呈现一种"流动"的形态，营地内有贯穿的水体，随地赋形、因势成流，让空间形成婉转延展、曲折流逝的动态之势。四川省成都棕榈世界房车露营地和广东省东莞华阳湖房车营地等都是典型的运用中国传统园林的造园手法（图2-13）。

（a）成都棕榈世界房车露营地　　　（b）东莞华阳湖房车营地

图2-13　运用中国传统园林造园手法的房车营地布局

营地内的功能分区基本与西方国家的房车营地类似，一般分为三大功能区：营舍区域（包括房车营地、移动木屋、帐篷营位等），休闲区域（包括广场、运动场、景观区等），服务区域（包括接待和餐饮中心等）。山西省云中河自驾车房车露营地和浙江省海宁盐官芳草青青房车营地都采用美式营地模式，用主轴线将营地明确分为三大区块（图2-14）。

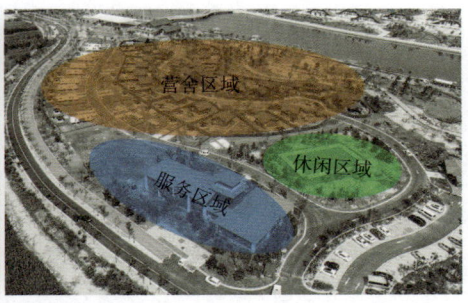

图 2-14　云中河自驾车房车露营地

除了房车营地的整体布局外，在房车营位的设计上也更加强调与周边传统文化的共享共建，不仅与周边建筑环境相融合，还成为房车营地独特的亮点，起到互相推动的作用。形态上，为了将工业化的房车融入传统园林式的风格，就运用到传统园林空间上讲究多层次的设置，通过分隔、掩映、衬托，巧妙地组织空间，营地中多了很多"隐"的部分，将现代化的房车隐于"院落"之中，因此出现了具有本土特色的围合式房车营位。例如，江西省三清山华闵大云房车度假营，采用了三清山特有的南方山区村落风格（石屋、木屋、稻田、河流等元素）进行营建（图 2-15）。除此之外，还有福建省闽侯旗山森林温泉度假村房车营地和厦门大云房车营地等为代表，在全国出现了近十个设置院落式营位的房车营地。

图 2-15　"院落"形式的房车营位形态

中西方房车营地内建筑的共享共建，主要是对生态的关注和对建筑材料的本土化运用。形态上主要以移动木屋和树屋为主，强调生态性、灵活性与便捷性。在生态性上，表现为使用可持续环保材料和非永久性建筑，对土壤和地表生态的影响非常低。在灵活性上，其可移动、非固化的特点，可以适应不同环境空间类型，后期在空间调整上也具有很大的优势。在便捷性上，树屋和移动房屋都属于装配式建筑，具有施工期短、形态灵活的特点，基本形态如图2-16（a）所示的意大利南蒂罗尔房车营地树屋。而我国西藏自治区的然乌湖国际自驾与房车营地内的建筑，主体以藏族所崇尚和喜爱的白色、红色为主调，采用了许多当地的材料作为建造主材，例如，然乌湖的鹅卵石、当地废弃的火车枕木等。浙江省宁波余姚原舍蛙屋，也是运用当地材料，以竹为材，与当地竹匠和村民共同建造出形态各异的建筑树屋［图2-16（b）］。还有位于云南省西双版纳的曼掌房车营地公园，营地内建筑形式是傣族文化特有的傣家木楼，与所在的傣族古村寨相融合。

（a）意大利南蒂罗尔房车营地　　（b）我国浙江余姚原舍蛙屋

图2-16　房车营地内建筑形式的共享共建

综上所述，共享共建一直是房车营地建设的核心理念，无论是在人人参与建设模式，还是在统筹规划、协同区域联动、资源共享和优化配置的房车营地布局和形态上，都是共享共建的具体实现路径，因此，房车营地与共享发展理念在实现路径上也有极强的耦合性。

四、决策与调控决定了共享的渐进式营建进程

共享发展是一个从低级到高级、从不均衡到均衡的渐进过程。我国自然资源和生产力水平差异较大，出现了城市与农村、沿海地区与内陆地区空间发展的不平衡。因此，房车营地的建设也不能是同一标准、同一模式的"模块化"，应通过不同区域的发展状况、资源水平、发展趋势综合评估来制定有针对性的营建策略，并根据环境承载力和经济状况，循序渐进、分步实施。

另外，对于我国人口众多产生的共享不均的问题，也应循序渐进地推进房车营地共享的深度和广度。而要实现营建进程的科学有序离不开决策层面调控和推进。

（一）初级阶段的推动与鼓励

在房车营地发展至今的一百多年中，房车营地的形态和模式不断变化，其推动力除了社会、经济、技术的因素，还有来自决策层面的思考和探索。而在房车营地面临机遇或危机时也有决策层面的调控，并对房车营地的发展方向进行科学把控。例如，在"二战"后初期，1947年英国颁布的《城乡规划法》（Town and Country Planning Act）规定，在未经地方当局正式规划同意的情况下，不得在任何地方设立度假屋、棚屋或建筑物。但特别指出任何可以被移动的临时结构不受这一规定的限制。也就是说任何可以提供基本居住条件的临时住所都是被允许的，这就包括了帐篷、房车、移动木屋等，为房车营地在战后的迅速复兴提供了机遇，得到了大规模发展。

（二）爆发式增长阶段的规范与控制

而随着房车营地的爆发式增长，一些问题开始凸显，大量游客涌入原本宁静的住宅区、沿海区和农村地区，导致景观破坏严重。针对这一问题，1960年通过的《房车营地法》（Caravan Sites Act）和《房车营地发展监管法》（Caravan Sites and Control of Development Act）给出了解决方案，这也是房车营地发展的重要转折点，它建立了一个应用和审批系统，任何土地想要开发必须取得当地规划局的许可，并就房车营地的规划制定了"规范标准"。1962年，法案的补充文件又进一步制定了具体的选址和布局指导方针，包括详细的设备、服务、卫生、环境等标准。此外，法案还详细考虑了新址发展的地点，具体建议是营地应避免建设在开阔地带，尽可能地隐藏于景观之中，用大型植被进行遮挡。而对于沿海地区，他们提出了更为激进的解决方案："理想情况下，一些现有的突兀而难看的度假地点，尤其是那些突出而孤立的位于景区和沿海地区的度假地点，应该被移走，要么把它们集中在一起，减少扩张，要么把它们移到内陆一些地方。"新开发营地开始更加严格，必须遵守严格的规划条件，因此大部分项目都必须利用现有的可用土地。房车排成一排，并按照消防规定允许的间隔紧密排列。图 2-17 是英国埃塞克斯郡的一个海滨村庄在战后初期、20世纪60年代，以及20世纪80年代的房车营地的营建情况。

(a) 战后初期　　　(b) 20世纪60年代　　　(c) 20世纪80年代

图 2-17　爆发式增长阶段的房车营地形态

(三) 成熟阶段的巩固和提升

1976 年的《房车营地评价标准法》[Rating (Caravan Sites) Act] 第一次把房车营地作为独立的评价个体，这对房车营地的发展产生了深远影响。1983 年的《移动房屋法》(The Mobile Homes Act) 进一步规范了房车营地内居住部分的建设和使用标准，并使营地内"居民"维护自身权利有法可依。

而这时的美国也在积极规范房车营地的营建标准，美国环境部（Department of Environment）为房车营地制定"规范标准"。现有营地要受到其他部门的监督，例如，对环境问题的关切。人们意识到是时候重新审视房车营地的设计原则了。除了国家层面的监管，房车组织也积极推进房车营地建设。国际露营总会就编制了国际露营地的设立标准和评价体系，营地的建设必须使用符合国际标准化组织（International Organization for Standardization，ISO）标准和欧洲标准化委员会（European Committee for Standardization，C.E.N）标准化的设备，强调营地的卫生和安全性。总的来说，在 20 世纪针对房车营地的立法都是中立或积极的，早期的规划立法鼓励多于限制，中后期的立法对房车营地发展影响更深远，使房车露营在休闲旅游业中的地位得到巩固和提升。

而我国房车营地虽然发展时间较短，但同样是一个循序渐进、逐步发展提升的过程，从追求数量的积累到转向高质量发展，从单一功能向多元复合转变。处于数量增长期的我国房车营地更像是停车场，通常设置在游憩活动区附近、交通转换处等区域，如风景区、高速公路服务区等附近。并用标线划分一定的范围，投资少、建设快、用地紧凑，以应对爆发式的房车露营需求。但随着房车露营产业的蓬勃发展及国人消费结构升级，这种设施简单，甚至简陋的"临时停靠式"房车营地开始慢慢走向衰落,纷纷扩建或重建,以适应新的房车露营需求。图 2-18 的天津蓟县山野运动基地,是我国最早的房车营地之一,2005 年开营,2017 年重新规划建设,由最初的"停车场"式营地变成现在的集户外运动与露营于一体的体育旅游精品景区。

(a) 2005年   (b) 2017年

图 2-18 天津蓟县山野运动基地

规模相对较大的房车营地都会进行周期建设,在缓解投资压力的同时,也降低了工程建设对自然环境因的影响。例如,甘肃省南山云端露营公园,营地总面积达 260 亩（1 亩 ≈ 666.7m^2),建设分两期完成。第一期建成帐篷营位区、房车营位区、餐饮区、户外拓展和亲子游乐园等;第二期建成音乐广场、滑雪场、水上活动区等(图 2-19)。

图 2-19 甘肃南山云端露营公园分两期建设完成

将共享理念的内涵与房车营地建设思想从四个维度进行对比分析后可以发现:房车营地建设思想与共享理念是高度契合的。由此可见,共享理念是房车营地能在我国可持续发展的理性指导和必然选择。而秉持着共享理念的房车营地营建策略的研究也更符合我国的发展思路和发展方向。

第三节 共享营建的理论层级构建

从国际趋势和我国对旅游业的整体布局可以看出，"相互依存、共享共建"并不是选择问题，而是我国可持续发展的必然历史使命。需要我们选择的是这个共同的使命将以怎样的行动和方式去实现。

据前文综述可知，现有房车营地类型可分为六大类：滨海型、湖畔型、海岛型、山地型、森林型和乡村型，但是深入研究即会发现这些类型虽然依托的自然资源有所不同，但是在营建模式上几乎没有多大的差别，都着眼于房车营地对房车营地空间的规划设计层面，似乎一种空间模式可以适用于任何环境，区别仅在于组景审美的不同。但现实并非如此，很多具有空间美感或合理布局的房车营地如昙花一现，或发展大不如预期，究其原因是过去的设计没有从区域层面来思考建设模式，仅把房车营地作为一个旅游项目来开发，这无疑限制了房车营地的发展，阻断了房车营地与区域共享共生的联动发展机会。因此，应从全域视野对房车营地类型进行重新划分，以解决当前的建设问题和今后的发展需要。本节将基于景观游憩潜力和游憩者期望的双重视角来构建房车营地营建策略的层级。

一、基于游憩机会划分的营建层级

从环境类型对房车营地的营建层级进行划分，房车营地主要的功能是游憩与住居，并不是所有资源类型都能提供两种功能的使用机会，例如，一些环境资源可以提供徒步者以游憩机会，但并不适合房车营地的建设。因此，基于游憩机会谱理论将房车营地的游憩环境类型进行重新划分。

游憩机会谱（recreation opportunity spectrum，ROS）理论的基本意图是确定不同游憩环境类型，每一种环境类型能提供不同的游憩机会。游憩机会谱是20世纪60年代为满足日益个性化的游憩需求，许多学者和旅游开发者积极投入游憩活动序列的研究中。瓦格（Wagar）在国际上首先对露营地的游憩机会谱进行了研究，并提出把露营地划分成从高度适合所有的露营者的普适机会，到只对背包旅游者开放的特种机会，从而使露营地各种空间类型的资源有了相应游憩序列，为露营者提供不同的选择机会。1976 年，美国出版的《国家森林管理条例》(*National Forest Management Act of* 1976) 增加了修订条款，明确规定在规划时，土地管理者和规划者应建立相应的游憩机会谱框架，以更好地为游客提供多样性的游憩机会，并确定游憩目的地分级的五个一级指标，分别是交通远近、区域规模、可进入程度、使用密度和管理力度，将游憩地划分为六种类型，分别为原始区域、半原始且无机动车辆使用区域、半原始且允许机动车辆使用区域、通道路的自然区域、乡村区域、城市区域。1982 年，美国林业局出版了《游憩机会谱使用指南》，至此，具有实践意义的游憩机会谱（ROS）理论体系完整形成。

游憩机会谱作为一种游憩资源分类理论体系，在分配及规划游憩资源，提供适合的游憩机会方面有重要的价值。使规划设计者们借助游憩机会谱框架，可以较清晰、合理地将丰富的资源类型基于游憩机会进行分类，并构建相应的策略框架。因此，本文借助游憩机会谱体系对房车营地建设的环境类型进行划分，主要可以从通路的自然区域、乡村、城市这三大类游憩环境类型来构建房车营地营建理论体系的三个层面（图 2-20）。

值得注意的是，虽然对房车营地的营建策略有了层级的划分，但对于具体的房车营地建设来说还略显宽泛，房车营地的选址还应考虑审美层次的要求。以通路的自然区域为例，一条公路旁是一望无际的荒地，这样的一个用地环境，虽然符合通路自然区域的特征，但并不具备建设房车营地的环境条件，在选址适宜性上，表现出很低的建设需求。因此，就涉及资源环境是否具备游憩潜力，来对层级进行进一步细化。

二、基于景观游憩潜力的营建层级细化

景观游憩潜力是自然和半自然景观提供的户外游憩机会，源自生态系统服务（ecosystem services，ES）理论。从游憩者意愿层面获取景观游憩潜力，即根据游憩者偏好来设定景观游憩潜力大最终表现形式。可以将游憩潜力定义为内在景观游憩潜力和景观游憩服务潜力（图 2-21）。内在景观游憩潜力也可以被理解为满足假设的人类游憩需求的潜力或响应特定游客偏好的能力。而景观游憩服务潜力则取决于人类对自然资源的实际使用意愿所导出的游憩

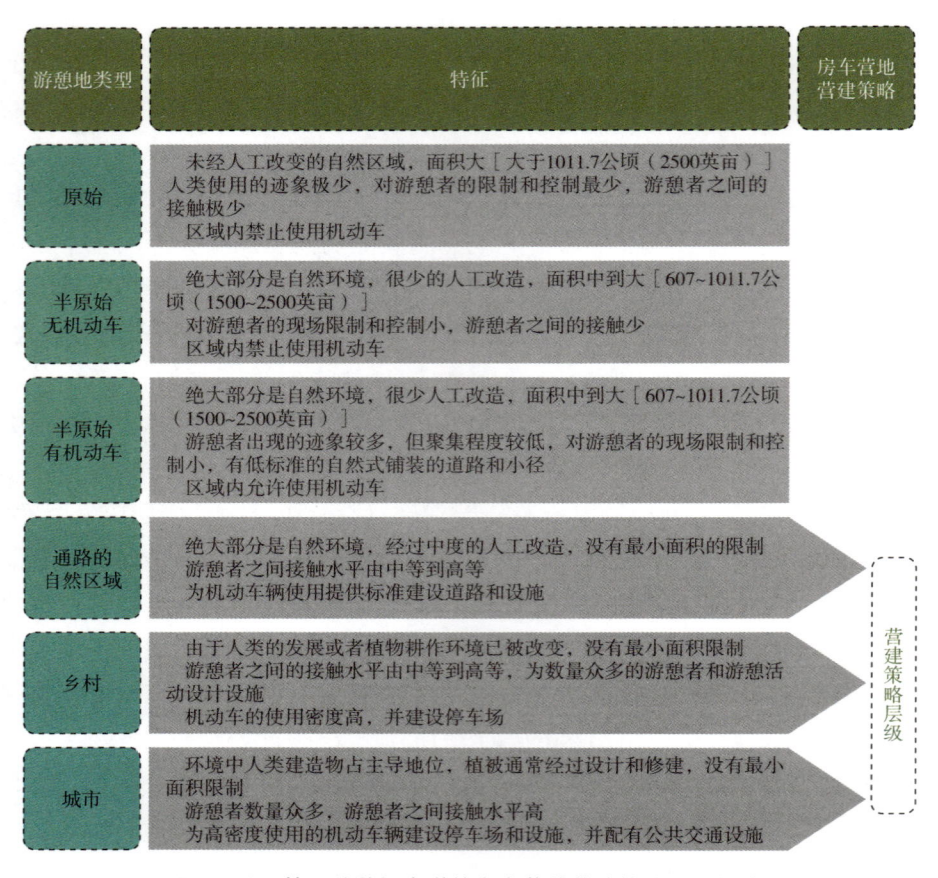

游憩地类型	特征	房车营地营建策略
原始	未经人工改变的自然区域，面积大［大于1011.7公顷（2500英亩）］ 人类使用的迹象极少，对游憩者的限制和控制最少，游憩者之间的接触极少 区域内禁止使用机动车	
半原始 无机动车	绝大部分是自然环境，很少的人工改造，面积中到大［607~1011.7公顷（1500~2500英亩）］ 对游憩者的现场限制和控制小，游憩者之间的接触少 区域内禁止使用机动车	
半原始 有机动车	绝大部分是自然环境，很少人工改造，面积中到大［607~1011.7公顷（1500~2500英亩）］ 游憩者出现的迹象较多，但聚集程度较低，对游憩者的现场限制和控制小，有低标准的自然式铺装的道路和小径 区域内允许使用机动车	
通路的 自然区域	绝大部分是自然环境，经过中度的人工改造，没有最小面积的限制 游憩者之间接触水平由中等到高等 为机动车辆使用提供标准建设道路和设施	营建策略层级
乡村	由于人类的发展或者植物耕作环境已被改变，没有最小面积限制 游憩者之间的接触水平由中等到高等，为数量众多的游憩者和游憩活动设计设施 机动车的使用密度高，并建设停车场	
城市	环境中人类建造物占主导地位，植被通常经过设计和修建，没有最小面积限制 游憩者数量众多，游憩者之间接触水平高 为高密度使用的机动车辆建设停车场和设施，并配有公共交通设施	

图 2-20 基于游憩机会谱的房车营地营建策略层级构建

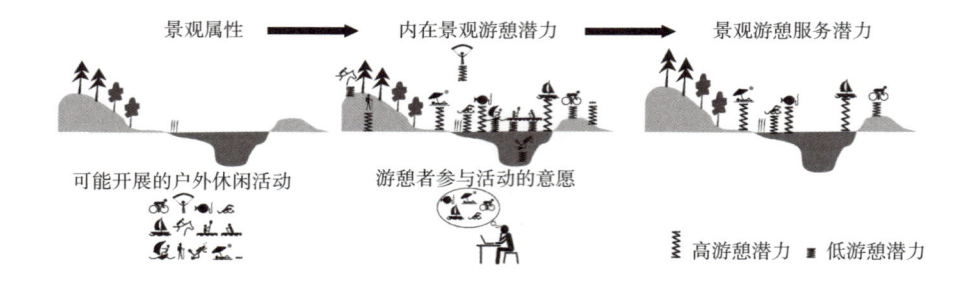

图 2-21 景观属性、内在景观游憩潜力与景观游憩服务潜力的关系

潜力。因此，内在景观游憩潜力（纯粹的供应层面）显示了游憩机会的空间分布。而景观游憩服务潜力（由需求主导的供应层面），则突出了最多被需要

的游憩类型，需求的表达是非空间性的。

而获取景观游憩潜力的前提是景观要素是否对露营有积极影响，主要表现在以下几方面：首先，游憩潜力与年平均气温有关，极端温度，无论高低，都对露营地建设有限制影响。尽管年振幅高的地区可能有利于夏季或冬季的露营活动，但在这种情况下，更适合使用移动木屋等住宿形式，对房车的要求较高。其次，河流、湖泊和海岸通常是地区的主要游憩吸引力，水体的密度会增加亲水活动的可能性，而不同类型的水体也会提供不同类型的亲水活动。植被覆盖也是改善露营者的娱乐体验的最重要的景观属性之一。值得一提的是，人们通常认为大面积的作物种植会使景观变得同质化，因此缺乏游憩吸引力。但实际上农业与水果种植及生产等产业结合时，却会成为地区的主要吸引力。在产业的带动下，乡村景观具有较高的游憩价值，甚至是高品质景观，并且将乡村生活与游憩活动和谐地联系在一起成为独特的吸引力。在很多欧洲的房车营地营建案例中，已经证明低集约农业的异质景观是最有价值的。但需要注意的是，一些决定游憩潜力的景观属性在大面积的生态区就变得不那么具有决定性，例如，在森林中选择适合建设露营地的场地，那么植被覆盖这一景观属性就变得不具有决定性，因为森林具有均匀的林地覆盖（表2-2）。

表 2-2　影响游憩潜力的景观要素

变量	测度	对游憩潜力的预期影响
年平均气温	年平均温度	极端温度限制露营活动
年热振幅	最温暖月份的平均温度减去最寒冷月份的平均温度	较高的年热振幅有利于夏季和冬季的活动
地形高差	等高线密度计算：千米等高线/平方千米	产生视野变化的异质景观，也为攀岩、登山等活动创造条件
水体密度	河流、湖泊、海岸的密度（千米水体/平方千米）	水体增加亲水活动
NDVI（归一化植被指数）	归一化植被指数	植被茂密的景观是露营者的首选
NDVI SD（归一化植被指数的标准偏差）	NDVI的标准偏差可作为植被异质性的指标	植被异质性较高的景观具有更高的游憩潜力

续表

变量	测度	对游憩潜力的预期影响
植被覆盖	树木覆盖率	具有观赏和遮蔽功能，树木优于其他类型植被
裸土覆盖	裸土百分比	高比例的裸露土壤不适合露营
作物面积	草本和灌木作物的百分比	大面积同质作物会降低景观潜力

通过以上对游憩潜力有积极影响作用的景观属性的分析，将前文划分的通路的自然区、城市和乡村具体到我国现有旅游资源的情况，以及房车营地的建设类型，将房车营地的营建环境资源类型细化为三大类型，分别是乡村、城市游憩中心地和生态敏感区，房车营地的营建理论层级基本形成。

综上所述，使用景观系统服务的角度预测地区的游憩潜力，其优势是基于露营地的位置。同时与传统的方法相反，它可以将结果外推到未开发的景观单元，从而确定哪些地方适合开发房车营地，以及哪些活动受游憩者偏好而需要重点建设。对游憩者偏好的测度将在下一节展开研究。

本章小结

本章构建了基于共享发展理念的房车营地理论框架，并分析了房车营地与共享发展理念的深度结合，即房车营地共享什么、为谁共享、如何共享，以及共享的步骤等核心问题。因不同区域需要解决的核心问题、建设程度和资源状况不同，应分类运用有针对性的营建模式。在理论基础上，初步形成了乡村、城市游憩中心地和生态敏感区三个层级的房车营地营建理论框架。

首先，通过对房车营地发展历程的研究，不难发现房车营地在不同阶段发挥着重要的作用，不仅有休闲娱乐、体育健身等职能，在特殊时期还起着应急、疏散、救助、临时社区的重要功能。多元的功能实现使房车营地共享的内容更广泛。其次，通过对房车营地使用者分析可以发现，其结构和需求都呈现出多元化和包容性，社会不同阶层、年龄、性别的使用者都可以在房车营地满足不同的游憩、娱乐、居住等需求。而房车营地的形态模式则体现出融合开放的共享性，与周边环境、文化等资源的协同发展，使房车营地具备实现共享的具体路径。最后，针对不同发展程度的地区应从决策层面进行调控，使房车营地循序渐进、分步实施建设与发展。通过对房车营地与共享发展的理性关联的深入研究，解答了房车营地共享营建的内涵，即全面共享的营建内容、全民共享的营建范围、共享共建的营建路径和渐进共享的营建进程。

通过对房车营地共享营建内涵的剖析可以发现，不同区域在资源水平、建设程度、发展状况、发展需要等方面需要解决的问题是不同的。因此，营建模式也应该有针对性的调整。根据游憩机会和游憩潜力的不同，将营建模式定位于乡村、城市游憩中心地和生态敏感区，为后文营建策略的开展提供了理论框架。

第三章

房车营地的共享营建实现机制

第一节　基于选择意向测度的策略机制推导

满足露营者的期望可以有效提升忠诚度，而忠诚度是维系房车营地发展的基础。但现有的规划设计倾向于假设房车营地是一种同质性活动，或者它们只涉及一些选定的形式。但房车营地是人类游憩活动的一种形式，因此，研究房车营地的营建策略不能忽视露营者的需求来谈策略，尤其是露营者的体验感受，直接影响露营者的满意度和忠诚度，对营地的定位和提升至关重要。本节旨在从露营者的角度发现哪些营地属性是最重要的。一方面，是为了发现哪些营地属性对选择有决定性作用；另一方面，是为了发现哪些属性使营地的实际体验满意度更高。研究结果对房车营地的营建策略维度层面的构建提供实证支撑。

一、相关性—决定性分析法的引入

基于对国内外文献的整理发现，一些实证研究关注到露营体验及其驱动因素，以及露营者在选择露营地时影响决策的营地属性。但在众多影响选择的属性中，哪些才是具有"共性"和"重要性"的属性，则需要运用一种新颖的优先排序工具——相关性—决定性分析法（RDA），它是"重要性—绩效性分析法"的优化方法。

重要性—绩效性分析法（importance-performance analysis，IPA）由马提拉和詹姆斯（Martilla & James）于 1977 年提出。自 20 世纪 90 年代初，IPA 分析法开始广泛应用于服务性行业，特别是地区竞争力和宏观旅游政策制定等。但 IPA 分析法在应用中存在一定的局限性，为了解决 IPA 分析法的主要问题，Mikulić 和 Prebežac 于 2012 年提出了扩展传统 IPA 框架的两个互补分析法——竞争状况分析（competitive-performance analysis，CPA）和相关性—决定性分析（relevance-determinance analysis，RDA）。

RDA 分析法引入的目的是帮助决策者和规划者从露营者的角度识别出真正主导露营者选择的"重要"属性。也就是说，通常与露营体验"相关的"

属性，不一定是驱动露营者实际消费体验的"决定性"属性。例如，"露营地的安全性"要素，任何露营者都会把它放在重要级别的最顶端（即高度相关性），但是如果所有露营地都能够保证安全，那么"露营地安全"这个属性与其他属性相比（如提供多样化的游憩设施等）就会成为一个对选择和体验影响小得多的因素，也就是说露营地安全性与多样化的游憩活动相比表现出更少的决定性级别。而同时，决定性属性表现出的竞争性和独特性，只有在相关性属性被保证有效的情况下才是有意义的。

根据 RDA 评估的重要性类型（维度），可以识别出具有不同影响级别的四大类属性（图 3-1）。

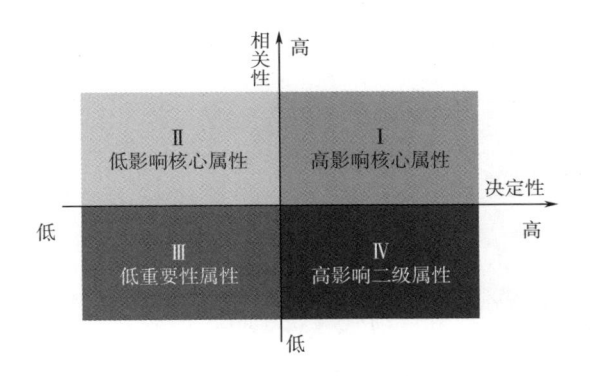

图 3-1　相关性—决定性分析法矩阵

高影响核心属性：具有较高相关性和决定性的属性被称为高影响核心属性。露营者认为这些属性在选择决策中通常更重要（高相关性）。同时，这些属性对露营者在实际的游憩体验中影响较大（高决定性）。在试图加强房车营地定位时，应将重点放在这一属性类别上。同样，这些属性在提升策略中应具有最高的优先级，并且应该着重维持它们的性能。

低影响核心属性：具有相对较高的关联性和相对较低的决定性的属性被称为"低影响核心属性"。与上一类别属性一样，露营者认为这些属性在选择决策中很重要，但对露营者在实际游憩体验中所产生的影响相对较低。当这类属性根据游客的预期存在时，这些潜在的决定性属性可能并不容易被发现。因此，低影响核心属性的营建建议主要是为了确保营地具有典型的功能水平。如果性能超过或低于游客的预期，那么这些属性可能会变成高影响核心属性。Mikulic 将这些属性称为延迟或有条件的决定属性。

高影响二级属性：具有相对较低相关性的属性，但有相对较高的决定性属性被称为高影响二级属性。露营者在做出选择时，认为这些属性相对不那么重要，但实际上这些属性对游憩体验有较强的影响。由于此属性相关性较低，决定性较高，可以作为"增强游憩体验"的一部分，这会为房车营地在市场差异化竞争中提供有价值的吸引力。

低重要性属性：相对较低的关联性和相对较低的决定性属性被称为低重要性属性。露营者在选择决策时，受这些属性的影响相对较低。同时，这些属性对露营者的游憩体验的影响相对较小。一般来说，这类属性应该比前三个类别的优先级更低。但不能把这些属性归类为"不重要"。就像低影响核心属性一样，如果这些属性的水平超出了露营者的可接受范围，那这些属性的决定性就会上升。还是用"露营地安全"和"多样化的游憩设施"来解释，即如果露营地的安全度不能得到保证，那么提供多样化游憩设施就根本发挥不了作用。

二、样本选取和数据采集

（一）研究区域选取

研究目的地选择旅游资源丰富的大连市及周边乡村，因三面环海、一面靠山的地理位置使大连拥有优美绵长的海岸线，是全国海岸线最长的城市，同时山地、丘陵多也形成了层次感丰富的景观资源，而大连市属暖温带半湿润大陆性季风气候，冬无严寒、夏无酷暑、降雨集中、季风明显，也成为大连旅游业发展的有利因素，因此，其很适合建设房车营地，大连金石滩黄金海岸国际汽车露营地就是全国首批建设的房车营地之一。根据前一节景观游憩机会划分的房车营地营建策略层级的分类结果，分别选取农村、城市游憩中心地和生态敏感区三大类型的已建成房车营地共6个（表3-1、图3-2）。

表 3-1　房车营地的样本选取

类型	营地名称
乡村	大连槐之乡房车营地、大连天门山汽车旅馆
城市游憩中心地	大连金石滩黄金海岸国际汽车露营地、大连银泰房车露营地
生态敏感区	大连金石滩森林汽车露营地、大连金石滩蓝莓谷庄园房车营地

(a)大连槐之乡房车营地 　　(b)大连金石滩黄金海岸　　(c)大连金石滩森林汽车露营地
　　　　　　　　　　　　　　国际汽车露营地

(d)大连天门山汽车旅馆 　　(e)大连银泰房车露营地 　　(f)大连金石滩蓝莓谷
　　　　　　　　　　　　　　　　　　　　　　　　　　　庄园房车营地

图 3-2　样本选址环境

（二）要素筛选

前文通过对国外房车营地研究的文献的回顾和分析，从前因变量关于露营者因素方面的文献中提取与露营者对房车营地的期待度和满意度相关的要素。由于文献数量不多，又筛选了部分露营旅游相关研究文献，包括从审美维度、目标定位策略、露营者对露营地升级改造的态度、管理者与露营者对现代露营文化看法的差异、网络平台在选择露营地和露营过程中的应用程度等相关文献。而国内从露营者视角评估房车营地建设满意度的专项研究较少，因此，从以环境行为学视角研究房车营地的文献中提取要素。结合从游客体验、感知、满意度等与游憩空间选择关系的角度切入的相关实证研究文献中选取的要素，初步建立与房车营地选择相关的要素库。除了对文献关键要素的提取外，作者还走访了房车营地的管理者和露营者代表，对他们进行开放性提问，目的是对从文献中所提取的初始要素库进行筛选，继而从开放性问题中寻找更多可提取的"重要性"要素。其中，对露营者代表进一步提出回忆产生积极和消极露营经历的关键性事件。最终针对乡村、城市游憩中心地以及生态敏感区各选取 20 个重要因素（表 3-2）。

表 3-2　相关性要素选取

序号	相关性要素	序号	相关性要素
1	营地的安全性	11	老人和儿童活动区
2	营地的清洁度	12	组织特色活动
3	营地的私密度	13	夜间娱乐活动
4	营地的基础设施（卫生设施、水电等）	14	食物提供（餐厅、酒吧）
5	营地的生态标准	15	专业的信息技术服务
6	营地接待服务水平	16	营地周边是否有著名景点
7	住宿形式的多样化	17	营地与周边景点的可达性
8	营位的景观品质	18	是否有可选择的周边旅游线路
9	体育休闲活动设施	19	购物的便利
10	丰富的游憩体验活动	20	文化交流与体验

（三）数据采集

数据采集通过网络与现场调查相结合的方式，主要分为两个阶段：第一阶段在露营者未使用营地前发放问卷，问卷内容包括 6 个露营地属性对露营者选择的重要性问题，属性重要性采用 5 分制李克特量表进行评分（1—根本不重要……5—非常重要）；第二阶段对同一区域类型房车营地的露营者根据实际体验对房车营地的满意度评估，问卷内容与第一阶段的 20 个属性相同，并且需对整个营地的满意程度来评分，同样采用 5 分制李克特量表进行评分（1—非常不满意……5—非常满意）。

现场调查共发放 1286 份调查问卷，回收 705 份问卷，其中 587 份（83.3%）为有效问卷，进入后续数据分析（即有效回复率为 45.6%）。被调查者的特征概述（表 3-3），露营者以 35~54 岁居多，男性比女性更热衷于房车露营，露营者关系以家庭出游为主，在营地的停留时间为 1~3 天。

表 3-3　被调查露营者特征

年龄/岁	占比/%	性别	占比/%	成员关系	占比/%	停留时间/天	占比/%
≤24	8.9	男性	62.6	家庭	67.6	≤3	42.9
25~34	16.4	女性	37.4	伙伴	32.8	3~5	38.3

续表

年龄/岁	占比/%	性别	占比/%	成员关系	占比/%	停留时间/天	占比/%
35~44	34.9			朋友	23.6	5~7	11.8
45~54	33.7			独自一人	1.4	>7	7
55~64	4.4						
>64	1.7						

三、数据分析

RDA 数据分析的结果如图 3-3 所示（具体数据见附录），矩阵被划分为四个象限使用各自分数的平均值，坐标象限的设置是基于营地属性的可视化分组，因此略有不同。Mikulić 认为，在分析 RDA 数据时应保留一定程度的灵活性，尤其是哪些更倾向于某一象限，但却位于另一象限，靠近均值线边缘位置的属性。房车营地属性使用"+"或"-"做进一步细化，具体取决于属性在营地中的表现是高于平均值还是低于平均值。

根据数据结果显示："营地安全性""营地清洁度"在六个营地中都表现出较高的期望值，因此是最相关的营地属性，且标准偏差值较低。也就是说露营者一致认为，营地安全和清洁度这两项属性在选择营地时最为重要，也就是最具决定性的营地属性。换句话说，这两项是露营者对营地整体满意度影响最大的属性，也是营地的核心属性。但在案例研究中，两项属性的表现均高于平均水平。也就是说，被调研的营地在这两项营地属性上达到了露营者的预期水平。这个观点也适用于第一象限的其他属性，分布在第一象限的属性具有较高的相关性和决定性，对营地的定位非常重要。因此，在提高基础性设施水平的同时，这些属性应具有最高优先级。但值得注意的是，第一象限属性的平均值，即括号内是"-"的属性，说明营地此项属性已经低于露营者的期望值，应重点提高水平。

第二象限是低影响核心属性，从六个营地的分析图可以看出"营地的基础设施"和"营地接待服务水平"分布于此象限。以黄金海岸房车营地为例，基础设施得到了较高的性能得分（4.291），反映出露营者对卫生设施、水电等基础设施比较满意。但其决定性指数偏低（0.306），说明这一属性虽然期

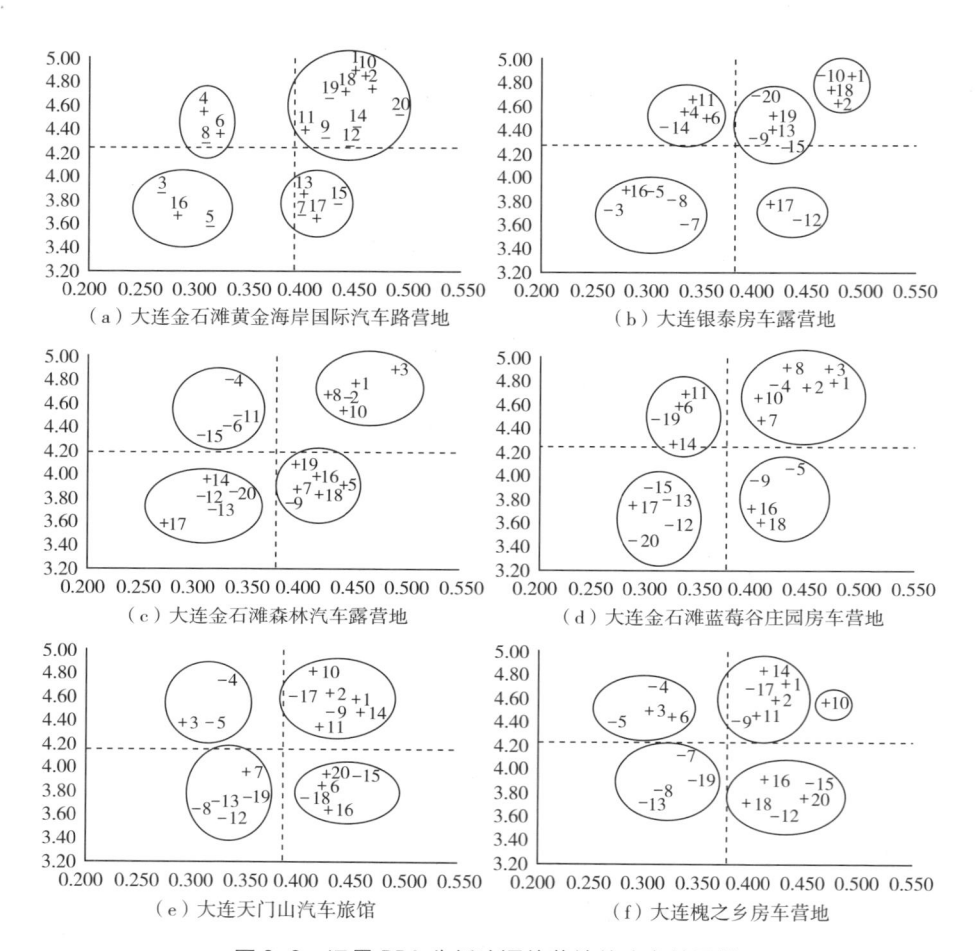

图 3-3 运用 RDA 分析法评估营地的决定性属性

望值相对较高，但对营地的整体影响较低，也就是说，营地的基础设施的优化会对露营体验产生积极影响，但如果仅保持在基本水平，露营者也不会过度关注。相反，如果这一属性表现得低于露营者可接受的范围，则会引起露营者的强烈不满（因为其有较高的相关性），这一属性特性也可以用来解释第二象限的其他属性。

第三象限的属性为低重要性属性，例如，"夜间娱乐活动"在四个营地中都位于第三象限，相关性和决定性都较低，这意味着这个属性对营地的影响较低。但并不意味着这一属性不重要，例如在黄金海岸营地和银沙滩营地这一属性就位于第一和第四象限，取决于营地的定位。

位于第四象限的为高影响二级属性，也可以定义为核心辅助属性。例如，"体育休闲活动设施"和"住宿形式的多样化"，虽然这些属性相关性较低，但决定性较高。也就是说，露营者在露营前并不在意这些属性或者没有意识到这些属性对营地体验具有重要影响，但当这一象限的属性提升后会显著提升营地的整体满意度，这就为营地差异化竞争提供了重要思路。

四、研究结论

运用 RDA 分析法是为从房车营地属性角度，探索和构建房车营地营建策略模型的维度。从研究数据可以看出，与营地基础建设相关的属性具有普遍一致性的重要地位，也就是说，这些属性是确保营地能达到露营者期望值的关键因素。因此，应保证这些属性维持在较高的功能水平，以提高满意度，这是保持露营者忠诚度的关键。在保证忠诚度的前提下，如何吸引新的露营者，那就需要挖掘除了普遍重要性属性外的核心属性。从图 3-3 可以看出，选址在城市游憩中心地、生态敏感区以及乡村的房车营地是有较大差异的，而同一选址类型则表现出相似性，具体表现如下。

（1）建于乡村的房车营地的建设重点。建于乡村的大连槐之乡房车营地和大连天门山汽车旅馆的核心属性有："体育休闲活动设施""丰富的游憩体验活动""老人和儿童活动区""食物提供""专业的信息技术服务""营地与周边景点的可达性""文化交流与体验"。这类房车营地的使用者更期望加强对老人和儿童的关注，以及组织当地特色文化的体验活动。因此，在建设时应更加关注与周边相近文化或特色文化的协同，如形成特色的文化体验线路等。乡村的文化、建筑形式等在一定的区域范围内具有同质性，因此，可以以房车为切入点，构成乡村区域集群的网络结构，促进区域内乡村协同联动发展，形成精品旅游线路。

（2）建于城市游憩中心地的房车营地的建设重点。建于城市游憩中心地的大连金石滩黄金海岸国际汽车露营地和大连银泰房车露营地的核心属性有："丰富的游憩体验活动""组织特色活动""夜间娱乐活动""专业的信息技术服务""营地与周边景点的可达性""购物的便利""文化交流与体验"。从核心属性可以看出，选址于城市游憩中心地的房车营地，对使用者起决定性选择因素的是多元化的体验活动和完备的服务娱乐设施等。应更多地考虑在促进交往、组织特色活动、提供便利服务和增加游憩活动类型等方面对房车营地进行规划设计或者优化提升。因此，房车营地在城市游憩中心地的建设应将重点放在与游憩中心地其他游憩空间的合作上，通过融合与合作来提升房车营地的竞争力，以获取更多的发展机会和更大的发展空间。在设施上，可以综合运用城市或游憩中心地已有的基础设施，以实现资源的集约利用。

（3）建于生态敏感区的房车营地的建设重点。建于生态敏感区的大连金石滩森林汽车露营地和大连金石滩蓝莓谷庄园房车营地的核心属性有："营地的私密度""营地的生态标准""住宿形式的多样化""营位的景观品质""体育休闲活动设施""营地周边是否有著名景点"。选址于生态敏感区的房车营地，对使用者核心影响属性围绕营位的品质和景观的提升，注重私密性和生态性，因此，在规划设计时应着重于营位组景营造，控制营地密度及生态化建设。但对自然环境的开发必须是适度和科学的，这就要求房车营地能够根据自然环境来调节自身的功能和建设程度，同时应对气候变化所带来的影响和制约，能随着环境的变化而形成自我调节。

总之，当选择目的地的所有复杂性因素都被排除在外时，核心资源和吸引要素才是人们去特定目的地旅行的本质愿望。任何目的地想要取得竞争优势，必须确保它整体的吸引力和游客的游憩体验优于其他可供选择的目的地。换句话说，游客在目的地所感知到的吸引力是决定目的地竞争力和成功的关键因素。而这种吸引力就是规划设计者们需要挖掘的房车营地核心属性，以实现营地的定位、协调资源配置及制定发展战略。因此，房车营地的营建不能用一个策略来适用所有区域类型，每一种类型都有不同的发展特征和发展需求，应针对不同的区域类型来研究具体的营建策略，才能使房车营地与区域协调发展，实现共享共建。

第二节　房车营地共享营建的作用机制

房车营地建设改变了环境质量，对景观要素和人文要素有反馈作用，但这种影响可能是正面的也可能是负面的，这主要取决于房车营地的建设类型和规模，以及场地自然条件的敏感性。而游憩活动主要依赖于自然环境的场地（如生态敏感区），人工建设程度高反而会降低游憩潜力。而对于以经济和文化为发展核心的地区（如农村），营地建设程度会对地区产生积极的拉动效应。而一些以旅游业为基础的区域（如城市游憩中心地），营地建设程度和已有旅游业应以补充和突出特色为主。

综上可知，不管从景观的游憩潜力还是露营者对选择营地的决定性属性来看，乡村、城市游憩中心地和生态敏感区都有巨大的差异，因此，对房车营地的规划设计不能仅着眼于房车营地本身的空间审美，应从宏观的区域协同联动、从共享共生的层面来解决房车营地在我国的可持续发展问题。

而房车营地又该以怎样的方式来作用于这三种游憩环境类型呢？首先要意识到问题的存在，即在我国城市化高速发展的过程中，城市的资源、环境的压力不断增大，而农村资源、环境又处于原始状态、活力不足。从城乡关系角度来看，呈现一种此消彼长的演化过程。同时，经营多年的传统观光型旅游景区（高禀赋自然资源区）也面临着资源的过度消耗和吸引力减弱，因此转型成为必然。而作为新业态的房车营地，如何在城市、农村以及高禀赋自然资源区的建设中整合资源、环境，发挥经济和地区更新的驱动能力，其作用机制就是实现不同模式的共享。

一、集群共享

（一）房车营地在乡村建设需要解决的现实问题

截至 2022 年，我国仍有约 4.9 亿人口居住在农村，农村地区占全国土地总面积的 94%以上，这就意味着农村人居环境的发展情况，将直接影响我国整体人居环境水平。自 2005 年国家推进新农村建设以来，农村的经济和环境面貌都有了显著改善，生产方式发生重大转变，农村已不仅是粮食供给的生产之地，更代表着一种与农业相关的生活方式，以及与城市完全不同的空间属性。因此，以乡村复兴为核心的开发建设吸引了大量的产业融合，房车行业就是其中令人瞩目的一员。例如，位于四川白庙镇郑家村的风日美房车露营公园，在发展房车文旅产业之前，郑家村是全县深度贫困村。自建设房车露营公园和相关文旅产业后，新建通村公路 10 千米，并以地域文化为特色，与周边 5 个贫困村联合建设农家生态文化旅游区。在帮助农民脱贫致富的同时，也成功入选了全省 100 个精品旅游项目。真正改善了民生，提高了社会福利（图 3-4）。

图 3-4　风日美房车露营公园规划前后对比

自 2005 年我国开始推进新农村建设以来，农村的经济和环境取得了突出的成绩，但是农村过于分散的村庄和居民点分布也导致改善基础设施和公共服务设施的难度与成本大大增加。此外，在开发建设的同时也使农村的建设用地总量快速增长，威胁到我国耕地和粮食生产，因而需要以集约用地为前提、共享为路径、发展为目的的营建策略来指导当前和今后一段时间的新型农村建设。

（二）集群共享原理

集群是依靠个体之间的互动，引发复杂的群体行为。曼纽尔·德兰达（Manuel DeLanda）观察到，错位群体的动态变化，常常与群体动力学密切相关，即便构成群体的实体迥然不同。实体，可能是人，也可能是产业。换句话说，尽管单个组件在本质和行为上存在巨大的差异，但由给定互动实体构成的群体，则倾向于展示相似的群体行为。集群会形成集群效应，其主要表现在：区域内的聚集发展可以减少物流成本、能源成本、时间成本等，还能促进技术与知识的流动和溢出；产业间联系，仅是地理邻近而毫无联系的产业不能称为集群。因此，应从垂直（前向、后向）联系、水平联系及其支撑体系构建产业集群；主体间的互动，包括产业间的互动，也包括具体的知识技术交流，集群内应组织各种交流和交易活动，建设促进集群互动的公共空间和平台。

而我国乡村空间分布实际上是在一定区域范围内有若干个小规模、零散分布的村庄，但就整体而言，这些村庄又形成了一个区域群。因此，集群共享就是在这个区域群中的村庄实现自我组织、自我管理，加强交流与合作。而房车营地在这个乡村群中发挥其特殊的职能，在经济上拉动投资和增加就业，在空间上补充乡村游憩空间的缺失，在特殊情况下还能起到救援疏散的作用。而房车营地也共享了乡村的物质文化资源，实现了本土化的转变。在营建中可以将保护乡村地区原有空间与构建新的空间形态并举，在不丢弃乡村功能结构的同时，加强空间格局的联系，提高乡村居民的生活水平，为乡村空间分布建立一种新的次序（图3-5）。

集群共享要解决的核心问题是：引导要素集聚、拓展空间功能、降低因距离产生的交易成本、创新机会等。实现资源优化配置，增强辐射带动作用。

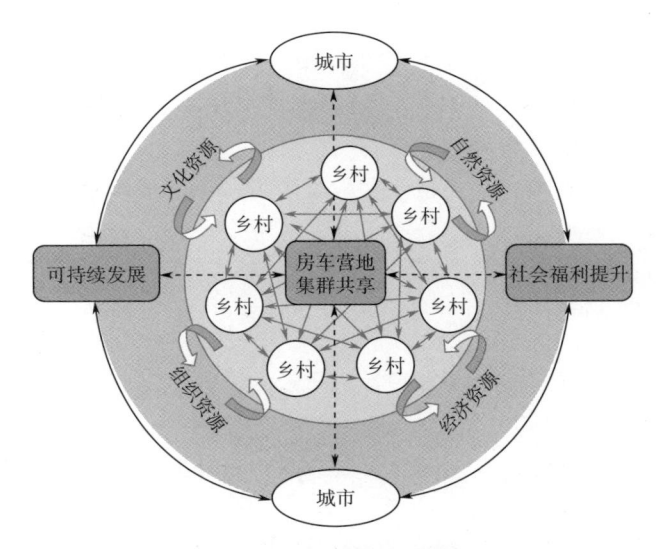

图3-5 房车营地在乡村营建的集群共享作用机制

二、让渡共享

（一）房车营地在城市游憩中心地需要解决的现实问题

城市游憩中心地是以城市为背景的游憩中心地，以游憩中心吸引物为核心或由各种游憩活动和服务设施组成的核心区域，是集观光、休闲、娱乐、购物、服务等功能于一体的综合性旅游空间。游憩中心地是城市系统中重要的组成部分，从功能的完整性而言，游憩中心地是城市游憩系统中最核心的部分，是集中展现城市活力、城市形象和城市发展潜力的空间载体，因此，接待设施、文化娱乐设施、购物消费设施，以及信息服务等都是城市最集中的体现。但任何一个游憩中心地都不是一次性建成的，其具有动态发展的特性，不断有新的游憩设施或项目加入，在这个过程中，组织利益的固化容易产生重复性建设。经常会出现圈地竞赛等不良竞争状况，经营管理者们想尽办法增加各自的竞争力，而没有寻求交流和合作。这一状况造成了资源过度集中，游憩中心地成了各游憩项目的空间集合，而不是一个互通有无、共同促进的旅游综合体。因此，我们常看到建于城市游憩中心地的房车营地建设也出现了这种"圈地"而建的状况，与周边区域或功能设施缺乏交流。而另一种相反的状况同样多见，由于游憩中心地空间和功能都较为集中，就把房车营地作为停车场来建设，没有环境营造，没有特色设施，只是靠房车本身的吸引力来维持发展。显而易见，这种发展状态必定是不可持续的（图3-6）。因此，应将建设重点放在房车营地与已建成游憩空间的融合发展上，来实现资源的集约高效利用。在合作中寻求发展，以形成利益和价值的最大化。

图 3-6　城市游憩中心地房车营地现状

（二）让渡共享原理

让渡，一般用于权力让渡、价值让渡、利益让渡，而这三个层面的让渡其实有着深层的逻辑关系。社会契约论认为，"在自然状态下，每一个人都是独立、平等和自由的。但是，在人人享受自然权利的同时，人人的权利都遭受到了侵害。为此，人们愿意通过契约的方式，自愿放弃自己在自然状态下无力行使的部分权利,并愿意把它让渡给某个共同体来执行。"换言之,让渡是个体的部分权利让渡于公共权利,以实现价值的最大化,而让渡要解决的核心问题是"利益"问题。

反观我国城市游憩中心地的发展现状,大部分都具有一定的规模,建设相对完善的旅游资源集中地。而房车营地作为新兴产业如何融入城市游憩中心地,并实现可持续发展,就成了房车营地建设的核心问题。显然,独立的圈地建设模式不适用于游憩中心地,虽然短时间内其作为新鲜事物对国人有很强的吸引力,但这种行业和群体利益的固化不但限制了房车营地的发展,也造成了资源的浪费和重复建设。因此,让渡是房车营地在城市游憩中心建设的最优选择,其目的是通过让渡寻求合作,实现行业和整体利益的最大化。

房车营地与现有的城市游憩中心地的土地利用与基础设施共享建设,应具备比在一块空地上建设新的房车营地有更高的优先权。这种与环境的、资源的和产业的结合更具有耐久性和高效性。让渡形式主要包括空间的让渡、功能的让渡、文化的让渡等。让渡也涉及时间的维度,可分为临时让渡和持续让渡,在这个意义上,可以实现权利的分离和传递(图 3-7)。

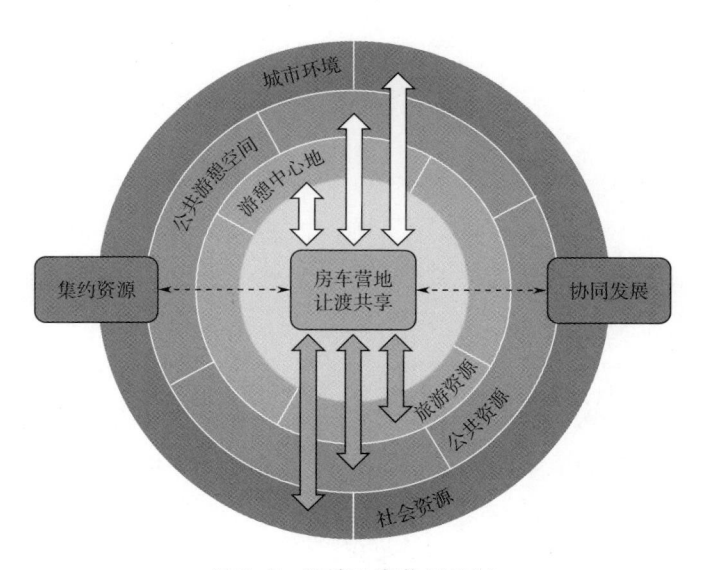

图 3-7 让渡共享作用机制

三、调适共享

（一）房车营地在生态敏感区营建需解决的现实问题

我国自然资源丰富，在对生态敏感区的开发过程中经历了筚路蓝缕的初始阶段和天平倒向经济效益的高速发展阶段。然而，当发现不适当的游憩活动对生态系统可持续性存在严重威胁时，出现了一部分生态敏感区开发项目全面封闭，而另一部分敏感区持续破坏的两极化现象。

我国生态敏感区的开发主要是以观赏为主的旅游景区和以体验为特色的自然公园等形式存在。其中，旅游景区以山地、丘陵等特殊地形地貌的生态敏感区为主，如九寨沟、黄山、张家界等，这一类生态敏感区的特征是开发成熟深入、配套设施齐全、游憩分布密集。另一类自然公园以湿地公园、森林公园等为主，我国湿地景观资源丰富，湿地公园作为主要的表现形式发展迅速。据统计，截至2015年底，我国共有各类湿地公园1036个。而森林公园在我国发展时间较长，截至2014年底，全国森林公园总数达3101处，规划面积达1778.7万公顷，其中，国家级森林公园791处。这类生态敏感区的特点是以保护为前提，适度开发，仅对游径和重要景观节点进行建设，配套设施较少，游憩分布相对分散。

不管是哪一类型的生态敏感区，人们在对其有效利用的同时，也带来了过度开发造成的自然资源恶化、建设性破坏严重等问题。例如，旅游景区停车场的建设，随着自驾游出游人群的比重不断上升，景区停车场的占地面积也不断扩大，但通常只铺设简单的水泥地面。而如此大面积的地面硬化，使土壤和植被遭到了永久性破坏。同时，停车场使用需求波动较大，在旺季或节假日经常一位难求；而在淡季，停车场就出现大量空置的现象（图3-8）。使用时间的分布上也表现出不均衡性，停车场使用时间与景区开放时间基本相同，夜间大部分停车场处于关闭状态，而一部分车辆就转移到附近的酒店、餐厅等场所。与停车场一样，旅游景区周边的民宿、旅馆等也呈现出淡旺季和时间分布的不均衡性，这无疑是一种巨大的空间浪费。而建设兼顾停车场和居住区功能的房车营地可以缓解这种压力，减少用地浪费，且永久性建设少、施工难度小。据研究，房车营地的可持续性明显高于酒店旅馆，对空间利用和能源利用也更合理。

图 3-8 我国景区停车场使用时间的不均衡性

(二) 调适共享原理

调适，意为协调、适应，当其作为人类学名词时，则是指有机体对环境方面产生的变化与环境对有机体产生的变化之间的互动关系。当面对有利环境时，接受改变自身的可能，以可变性为关键因素实现和谐状态。保罗·霍肯 (Paul Hawken) 在《商业生态学》(The Ecology of Commerce) 一书中说过："任何一个可行的经济计划都要将资源的时钟反转，积极地回复损害的系统，恢复比数量上的可持续性更具有强制性。"人们对自然资源的看法发生了显著的变化，从过去将它们看作是取之不尽、用之不竭的，到认识到它们的供给是有限的。因此，房车营地在生态敏感区的营建应在建设之初就以生态可以接受的改变程度为原则来规划设计，而不是以环境能承载的最大破坏限度为出发点，其根本区别是生态的主导地位。但保护并不是完全舍弃游憩机会，而应在环境保护和资源利用之间寻找平衡点。

而我国的生态敏感区建设现状是游憩与居住分离，常会看到森林公园或湿地公园等周边建有大型硬质铺装的停车场和酒店聚集区，这些永久性建筑和硬质地面铺装无疑对生态敏感区造成了极大的影响，且无法恢复，而又因为生态敏感区旅游通常淡旺季明显，在淡季或闲时又造成了空间的浪费。因此，房车营地在生态敏感区的建设应该是一个冲击—调适—共享的动态过程。另外，自然环境对房车营地也有一定的限制和影响，主要来自由气候产生的径流、洪涝和风雪等。这就需要房车营地同进化的生物一样，具有对自身的控制和调节能力，表现为面对环境变量时的调适。从减少冲击和应对威胁两方面完成自组织的调适（图 3-9）。

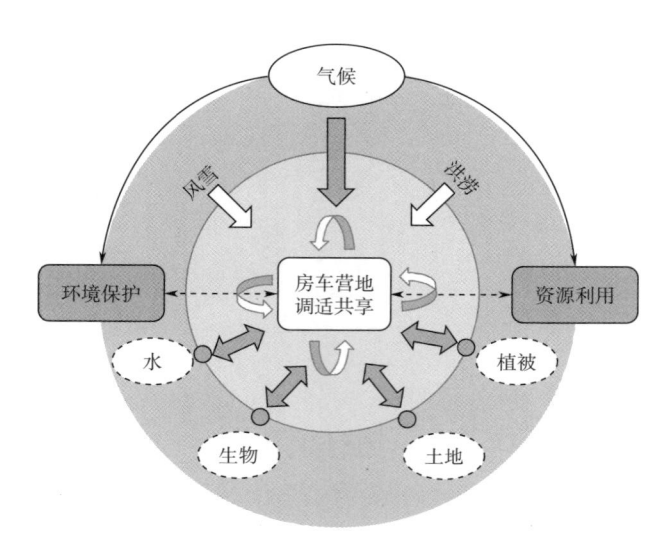

图 3-9　调适共享作用机制

第三节　房车营地共享营建策略的原则与目标

一、策略原则

房车营地作为推动我国旅游业从传统观光游向休闲体验游转型的新兴产业之一，有着广阔的市场需求和发展潜力。与此同时，我国旅游业也正从高速发展向高质量发展转变，因此，房车营地在这个关键的发展阶段，绝不能牺牲环境和资源来追求短期经济效益，而应该走高质量发展之路，高质量发展之路就是要坚持共享的发展理念，即以创新、绿色、协调、开放的方式来平衡社会、经济、环境三者之间的关系，实现共享发展的目标。

社会、经济、环境的关系可以运用三重底线理论加以理解。1997 年，国际可持续发展权威学者约翰·埃尔金顿（John Elkington）提出了三重底线理论，他认为一个行业可持续发展的关键取决于能否坚持经济、环境和社会三重底线并行的原则。这就意味着经济、生态和社会目标可以同时实现，无须权衡。例如，在房车营地拉动地区经济、增加就业或服务于社区的同时不会危害环境；在整合环境资源、提升环境品质的同时，也使区域的旅游竞争力提升，并为当地居民提供更好的公共空间环境。这些目标实际上是通过经济效益、社会效益和环境效益的共享来实现的。因此，下文从经济、社会、环境三个维度来论证，在我国，房车营地营建基于共享发展理念的必要性（图3-10）。

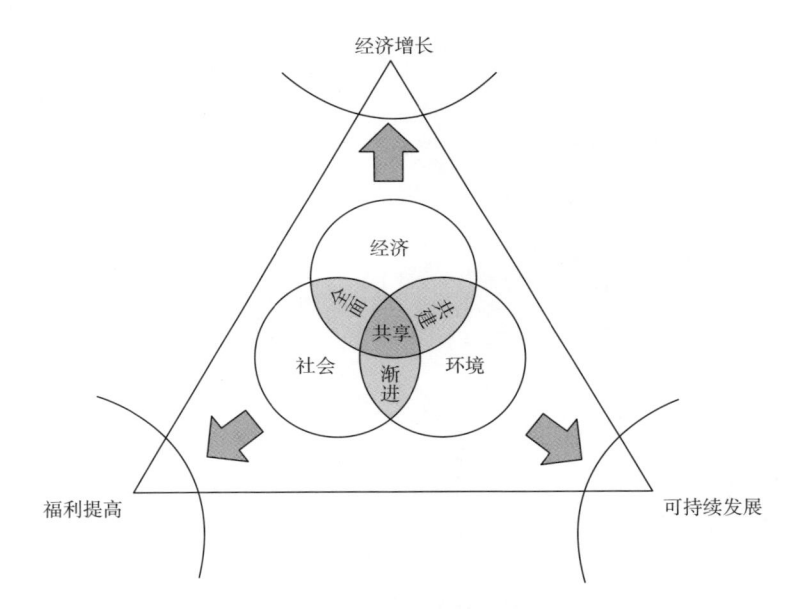

图 3-10　房车营地共享营建策略的原则

（一）经济层面的共享营建原则

（1）房车营地带动区域经济协同共享。房车营地建设基于共享发展理念，在经济层面的必要性主要体现在房车营地在区域内的协同共享和房车营地与其他产业间的融合共享。而房车营地经济层面的影响可以用"经济产出"这一经济学概念来衡量，经济产出是对一个行业经济贡献的一种相对广泛的衡量方式。房车营地相关产业对区域经济的共享主要由两部分构成，即房车营地消费对区域经济的贡献和房车营地投资对区域经济的贡献。

首先，房车产业的直接产出和经济效益是巨大的，房车产业的生产、销售、租赁、维修、售后服务、房车融资和保险、房车营地使用、管理、组织活动等相关支出对区域经济有直接影响。其次，房车产业的间接影响发生在从另一个产业获取产品来生产自己的产品，或引发的经济活动与其他产业结合，产业之间会相互关联，并产生一连串的经济效益。例如，对当地制造业和服务业的带动所产生的经济产出。最后，对房车产业的经济分析也应该考虑房车行业产生的就业和再消费。行业内的雇员其工作直接依赖于房车产业，从住房到食品、从娱乐到医疗，这些支出构成了"诱发影响"，换句话说，这些消费和就业机会是由房车产业产生的。同时，行业的雇员在使用他们的收入时都会扩大对经济的影响（图3-11）。

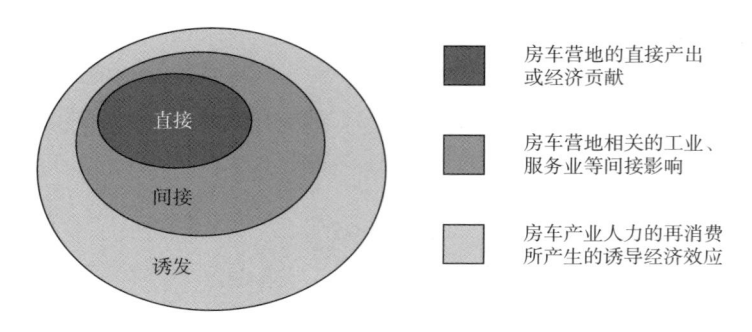

图 3-11　房车产业的经济影响

例如，美国仅露营一项每年就能产生 1660 亿美元的收入（The Outdoor Industry Association，2017）。而在美国有 16750 个房车营地，提供了 45150 个工作岗位。这些就业机会很多都来自农村或郊区，因为那里的工作机会和经济活动的来源相对较少，房车营地相关产业极大地促进了农村地区的繁荣。而在德国，慕尼黑大学商业研究所对德国旅游业进行的一项调查表明，房车旅游有高达 23 亿欧元的税收收入，并为德国提供共计 18.2 万个就业机会，是德国重要的经济推动因素。从美国和德国的房车产业对经济、就业影响的例子可以看出，房车产业对整个国家的经济影响深远。不仅是在旅游业的直接经济产出，还有对地方经济的巨大影响，其提供了大量的就业机会，众多地方企业也从中获益。

（2）房车营地促进产业融合共享。众所周知，产业融合以其创新、组织结构优化和促进区域一体化等效应，成为我国产业未来的发展趋势和现实选择。由于产业融合容易发生在高技术产业与其他产业之间，因此，房车产业在产业融合方面具有先天优势。而共享发展理念则为房车营地与其他产业的融合提供了依据、路径和方向。产业融合过程实际上是新的融合型产业价值链的形成过程，也就是原有产业价值链的解构和重构过程。房车产业在产业融合层面的表现方式有以下几种形式。

渗透共享，主要体现在传统产业的高附加值化。这一方式主要是将有技术、管理优势的房车产业的价值链渗透到其他传统产业中。以其创新能力，不仅将原有房车产业的价值大大扩展，还使传统产业拥有了更丰富的内涵和新的生命力。例如，将房车营地渗透到传统观光型旅游业、酒店业等，房车产业的新技术、新观念等有利于提升这些传统产业的发展水平，在融合的过程中产生了新的产品、服务和体验，提高了消费者的需求层次，也使传统观光型景区和传统住宿产业焕发生机，有助于产业竞争力的增强。

延伸共享，这种共享方式主要通过产业间功能的互补和延伸来实现产业融合，打破产业边界，从而赋予原有产业新的附加功能和更强的竞争力。通常发生在第三产业向第一产业和第二产业融合。表现为房车营地与农业、工业的产业融合，形成新的产业形态，如以房车营地为特色的休闲农业、体育小镇、工业遗址公园、文化艺术区等新产业。

重组共享，是产业内部的重组融合共享，这种方式主要是将原有产业的价值链解散，把核心价值提取出来，并通过新的价值通道构筑新型产业。通常表现为以信息技术为纽带，产业链的上下游产业重组融合。例如，提取出房车营地的核心价值，以主题公园、博物馆等为空间载体，通过信息化技术重新整合，形成新的特色产业形态。

（二）社会层面的共享营建原则

房车营地建设基于共享发展理念在社会层面的必要性，主要体现在整合优化区域资源和提升居民福利方面。房车产业推动经济增长的潜力使其成为发展低收入和服务不足地区的重要工具，并将这些地区置于旅游业发展的中心。这样不但经济得到发展，当地居民就业率和收入也显著提升；地方建设也随之跟进，房车营地基础设施的建设逐渐完善（道路、安保、医疗和生活设施等）；地区形象得以重塑，将传统景区或农家乐等固化观光形式转型为高质量的开放型休闲体验目的地。

（1）提升社会福利。由于我国城市化进程很快，年轻人和高消费群体逐渐向新区或发达地区转移，老城区和农村等地区就呈现人口不断老龄化、人均收入偏低，以及地区发展倒退的状况。把开发建设房车营地作为促进农村或老城区等发展滞后地区建设的重要手段，是极为适合的。不但使区域价值得以重新评价和认识，也使区域居民有机会享受到高品质的游憩空间，由此产生社会认同感。

（2）资源整合优化。我国虽然旅游业发展迅速，旅游人数逐年递增，但是过去的观光型旅游就是地方以高禀赋资源为吸引物，打造一个有范围的景区，游客也大多是"一次性"旅游模式，多次重游或深度游的情况相对较少。而在体验经济的背景下，这种模式的旅游形式已经无法满足不同人群对旅游体验的需求，固守传统旅游资源的开发套路只会让地区吸引力逐渐降低、发展速度减慢、竞争力逐渐下降。这就需要进行旅游资源的创新，寻求亮点和产业间的融合。而房车营地的建设可以激活潜在的旅游资源并盘活存量旅游资源。

近年来，我国区域经济发展有着令人瞩目的成绩，但区域间的竞争也日益激烈，而竞争的实质是对有限资源的占有。虽然调动了地方发展的积极性，但却造成了重复性建设和区域发展不协调。其问题主要集中在以下几个方面：区域统筹规划薄弱，过度关注资源本身的开发，辅助资源开发不足；资源粗放利用，开发水平不高；忽视文化、信息、技术等软资源的利用；资源缺乏保护机制，掠夺性开发过多。这些问题都造成了我国资源利用的不可持续化。

而共享是更高水平的利用，其被提倡为一种更可持续的生活和经营方式，从理论上减少了生产新产品的需求，从而减少了对原始资源的开发。共享对资源的作用形式分为四类：再循环、提高耐用资源的利用率、交换服务性资源和共享生产性资源。例如，很多房车营地建于城市中的公园、文化艺术区等旅游中心地。城市资源是有限的，并且这些旅游中心地已经有相对成熟的开发建设，基于共享发展的房车营地建设可以提高耐用资源的利用率；交换技术、信息、基础设施等服务性资源，通过共享的形式，合理利用土地、水等生产性资源，达到房车营地与旅游中心地协调发展、互相促进的目的。而在地广人稀的我国农村，大量农业资源得不到有效利用，仅靠农业生产会使农村地区越加边缘化，房车营地对资源的整合可以挖掘和调动农业资源的科教、体验等效能，通过合理布局可以使周边零散资源形成组群，促进乡村区域的集群化发展。

有学者指出，类型不同的旅游资源之间往往有较强的优化潜力，这就迫使我们不断突破资源的框架限制和价值限制，之前不是旅游资源的要素在今天就可能成为重要的旅游吸引物，资源无框架的结果就是资源的全域化，就是全域旅游发展的全要素基础。正是基于共享发展理念的房车营建建设所秉持的原则。

（三）环境层面的共享营建原则

房车营地建设基于共享发展理念在环境层面的必要性，主要表现在对建成环境的保护提升和对生态环境的合理利用。随着环境问题成为全球性问题和全社会关注的焦点，保护环境、绿色建设已经渗透到建筑规划的每一个环节，但在保护环境的同时并不是将环境隔绝，而是应该寻求合理利用和保护环境之间的平衡点。

（1）对环境的绿色共享营建。我国当前正处于工业化、城镇化快速发展时期，用地需求刚性上升，城市与农村争地、工业与农业争地的现象非常突出，各项事业的同步推进导致建设用地供需矛盾集中爆发。因此，在开发建设时应集约高效用地，如我国传统景区都配套有大型停车场，这些停车场通常只是为最大限度地满足停车容量，所以大多由混凝土铺筑而成，更谈不上景观设计。同时景区周边集中建设大量酒店，不但与景区环境不协调，还造成了一些自然资源的不可恢复的永久性破坏。不管是停车场还是酒店，在景区闲时和淡季都有严重的空置现象，造成了空间的浪费。而房车营地正是综合了停车场和酒店的功能，又更加灵活多变。首先，其不需要或很少建设永久性建筑，将对生态资源的破坏降到最低。其次，其灵活性使其没有淡旺季之分，在淡季时将房车驶离，可以使生态资源得到休养生息，对环境和生态的保护更加切实有效，但前提是要秉持绿色共享的建设理念。虽然房车营地的特性对减少环境破坏有先天优势，但仅限于房车营地内品质提升的建设依然是不可持续的，因此基于绿色共享发展的房车营地建设既是对环境保护的需要，也是房车营地可持续发展的需要。其核心是倡导土地功能的混合使用，通过对各种空间环境要素内在关联性的挖掘，利用各种功能调整空间环境构成要素之间的关系，以克服空间环境发展过程中形态构成要素分离的倾向，实现新的综合。

（2）以共享寻求环境利用机会。在保护自然环境的同时，通过共享理念寻求环境利用机会。我国幅员辽阔，地貌多样包括山地、海滨、河流等高禀赋资源，但是也有湿地、沼泽等生态敏感区，而旅游资源开发与生态环境保护之间如何协调发展一直是学者们研究的重点。一方面表现为旅游开发和发展对生态环境的影响，另一方面表现为生态环境对旅游开发和发展的制约。

生态敏感区既具有稳定性差、易变的脆弱一面，又具有资源丰富、开发潜力大的一面，故其并不等同于生态与自然环境质量差的地区。近年来，对可持续开发生态敏感区的研究很多，总体上认为如果能顺应自然、合理开发利用各种资源就会创造较高的经济价值，并推动环境优化。合理开发一方面基于对自然环境易变性的控制，另一方面基于人类活动对其干扰强度的控制。而房车营地不同于其他旅游方式的优势在于，其没有或极少有永久性建筑，这就在很大程度上控制了开发建设对生态敏感区的影响，而基于共享发展理念的房车营地建设对生态敏感区的易变也具有适应性。

例如，建于西藏的然乌湖国际自驾与房车营地。然乌湖是西藏东部最大的湖泊，有着十分丰富的旅游资源，但由于其海拔高、气候条件恶劣，还有常年因泥石流冲刷形成的深坑等，开发难度很大，一直没有被有效利用。而房车营地的建设依地势做抬高的阶梯，将建筑底部架空处理，在人类活动所产生的影响方面最大限度地进行了控制。自营地开放以来，途经然乌湖的游客绝大多数都会在营地停留几天，优质的自然资源得到合理开发利用，同时营地的建设在对然乌湖防洪避灾方面起到了积极的作用（图 3-12）。

图 3-12　然乌湖国际自驾与房车营地

总之，我国房车营地建设基于共享发展理念的营建体系是十分必要且迫切的，不仅对区域经济的拉动作用突出，并且能优化产业结构，使经济健康平稳增长。打破区域壁垒，探索辐射范围更广的协同发展路径，在突破当前房车营地建设发展瓶颈的同时，以房车营地的活力带动资金流、信息流、人才流及文化流的区域间互动发展。资源的共享，即厘清房车营地在由孤立向共享演化过程中的变量与不变量，对现有的资源进行整合，充分合理利用；环境的共享，即将土地功能混合利用，寻求保护与利用的平衡点。从房车营地在经济、社会、环境层面基于共享发展理念的必要性可以发现，房车营地与共享发展理念的深入融合具有重要的现实意义，为基于共享发展理念的房车营地策略构建提供了思路。

二、策略目标

房车营地的共享营建策略目标不仅是为设计者提供理论指导，还应该为决策者在策划、选址及调控等方面给出可行性意见，同时关注房车营地使用者和管理者。营地的使用主体是"人"，绝不能抛开使用者感受和偏好来谈策略，而营地的管理者是使共享营建成果得以落实和贯彻的重要推动力。因此，需要构建适用于全系统多层级的房车营地共享营建策略体系。

（一）基于设计工作者角度

共享型房车营地是时代发展的必经阶段和必然产物，而规划和设计环节是可以最大程度控制资源、能源消耗的重要环节。因此，构建一套系统而科学的共享型房车营地营建理论体系，是我国当前房车营地建设的亟须。当下，房车营地设计者往往缺乏对房车营地的整体、全局思维。一方面，在设计时局限于西方成功房车营地的固定模式，认为国外经过多年实践发展的房车营地模式一定是合理适用的。另一方面，常见的是为了吸引游客，将当下各种热点娱乐项目拼盘式地组织到房车营地内，"房车"却被边缘化，或者只成为大型游乐场中的一个热点"符号"。因此，设计工作者迫切需要一套具有全域视野的，符合我国当前发展需要和未来发展方向的房车营地共享营建策略。

（二）基于决策者角度

基于共享发展理念的营建策略，从决策层面来讲，就是从实际出发满足公众利益需求并协调全面的利益分配，以实现公平和均等。首先，共享营建策略的出发点是集约利用资源，决策者应遵循"因地制宜，从实际出发"的理念，根据各区域的实际发展情况，不刻意追求规划的标准与形式，不脱离本地区的发展实情，不盲目攀比，而是根据具体需求，采用最适用的、最集约的办法来解决发展问题。其次，应以满足公众利益为前提。公众的利益诉求包括生产机会的公平，即通过共享发展的房车营地策略实现区域内人人享有参与的权力，并共享发展成果。同时，由于自然资源和社会资源日益紧张，决策者应通过共享发展来协调各相关利益方的利益诉求，对有限资源进行最优配置，构建良性竞争环境，从而更好地促进本地区的协调发展。

(三) 基于使用者角度

房车营地实际上是旅游服务综合体，为露营者提供食、宿、行、游、娱等多样化设施和服务。游客满意度对房车营地的建设发展至关重要，共享营建策略在露营者层面亟须文旅结合更有创意、要素产品更有品质、服务供给更有效率、设施提供更加便捷。首先，房车营地本身就是文化和旅游产业的结合，而基于共享理念营建的房车营地是文旅结合的深化，也是实现高质量发展的新路径。随着社会发展和人们观念的转变，当前已经不再是追求廉价快餐式的旅游消费时代，取而代之的是高质量、深内涵的新型休闲体验模式。其次，要素化的旅游产品才是真正具有竞争力的，旅游或者说房车露营追求的是个性化的体验，所以地方化要素的共享对提升体验品质具有重要价值。前两方面提升的是游客的期待和选择意愿，而服务供给的高效率和设施水平的便捷化则是提升游客满意度和忠诚度的决定性因素，资源和服务的集约和高效使用是共享营建策略的具体表现形式和目标。因此，基于共享发展理念的房车营地营建策略对房车营地使用者有着重要意义。

(四) 基于管理者角度

对于房车营地的管理者来说，基于共享发展理念的房车营地促进了房车营地的智慧性管理。过去，房车营地的建设要么是大规模、多要素的拼贴，要么是与周边环境格格不入的"停车场"。前者后期维护管理投入巨大，往往难以为继；而后者因为缺乏特色，难以吸引游客前往，同样生存状况堪忧。房车营地的共享营建策略在管理层面的优势是重点突出、特色化建设，并集约利用资源，对提升管理运营效率具有重要的现实意义。

本章小结

本章基于第二章房车营地的共享营建理论框架建构，推导出乡村、城市游憩中心地、生态敏感区共享营建的实现机制。首先，通过实证分析，从房车营地使用者选择意愿角度推导出营建机制的关键性要素；其次，结合三种区域建设需要解决的现实问题，推导出房车营地在乡村营建的集群共享机制、在城市游憩中心地营建的让渡共享机制、在生态敏感区营建的调适共享机制。

  通过引入相关性决定性分析法（RDA），以实地调研的方式，从房车营地使用者角度探索营建机制的关键性要素。通过研究发现，不同选址类型的房车营地，其影响使用者选择营地和对营地满意度的决定性因素有不小的差异。乡村型房车营地的使用者更关注当地特色文化和体验活动，结合乡村经济、基础设施等发展需要，应以房车营地为切入点，构成区域集群的网络结构，促进区域内乡村协同联动发展，形成精品文化体验线路；城市游憩中心地型房车营地的使用者更关注房车营地周边游憩活动的多元化和服务设施的完善，结合城市游憩中心地建设发展已相对完善，应让渡部分房车营地价值以寻求更多的合作机会，从而最大化价值；生态敏感区型房车营地的使用者更关注私密性和环境的审美体验以及自然化程度，结合生态敏感区建设发展需求，应有效控制建设程度，使房车营地能融入自然环境中，最小化对生态环境的影响，同时，自然环境对房车营地建设也有一定的限制，房车营地应具备动态调节的能力。由此，推导出乡村的集群共享策略、城市游憩中心地的让渡共享策略和生态敏感区的调适共享策略，以此展开后文的具体营建策略研究。

第四章

房车营地营建与乡村区域发展的集群共享策略

近年来，国家在政策上鼓励和支持在乡村营建房车营地。2017 年，交通运输部、国家旅游局等六部门联合印发的《关于促进交通运输与旅游融合发展的若干意见》中提出，要加大对农村公路的建设和风情小镇、特色村寨、汽车露营地等规划建设，引导自驾车、房车旅游发展，培育自驾游和营地连锁品牌企业。国家发展改革委等十四部门联合发布的《促进乡村旅游发展提质升级行动方案（2017 年）》提出，推动民间投资新建自驾车、旅居车营地100 个左右，着力打造一批乡村旅游精品自驾路线。这些政策不仅给房车产业、也给广大乡村带了新的机遇。

在面对机遇的同时不能冒进，而是应理论先行，厘清我国乡村的具体现实和需求，研究出全面适合我国乡村房车营地建设的策略。要注意的是，房车营地和乡村空间绝不是平行的，而应该是共享共生的。因此，房车营地在乡村的营建策略既不是互不关联，也不是 180°扭转方向，而是偏转 90°从纵向结合来解决问题。

第一节　集群共享与乡村型房车营地营建的适应性

一、乡村发展路径与现实需求

（一）我国乡村的发展与研究趋势

我国已经由传统农业向融生产、生活、生态于一体的现代农业转变。与此同时，作为除农业生产外乡村最大的经济支柱产业——乡村旅游，也从传统的乡村观光游向现代的乡村休闲游转变。虽然都是利用农业景观资源和农业生产条件来发展旅游的一种经营形态，但是休闲农业的内涵更为丰富，不仅是欣赏农村的自然景观，还是深度开发农业资源潜力、调整农业结构、改善乡村环境、提高农民收入的新途径，是乡村产业融合发展到较高阶段的产物。

纵观国际学者对乡村的研究发现，早在 20 世纪 90 年代就有少数西方学者呼吁，需要对由休闲和消费带来的乡村重塑问题引起足够重视和思考。近年来，多功能农业和多元化乡村成为西方国家的时尚，学者们的研究主要聚焦在围绕休闲消费导向的农村空间多元化。而我国学者对乡村的研究经历了从"乡村更新"到"乡村复兴"的过程，即乡村从"以乡促城"的被动地位转变为"城乡互动"的主体地位；从过去以旅游为主的开发模式转变为以乡村发展为主的建设模式；在研究范围上，由过去偏重单地类的村域范围，转变为从整体考虑区域内各乡村关系的群体范围（图4-1）。

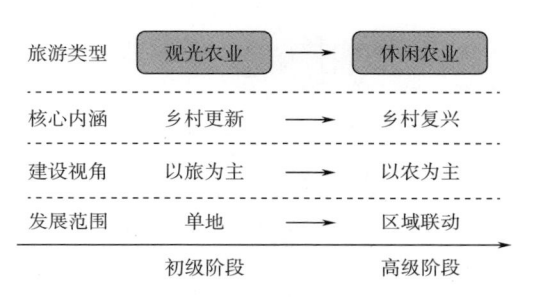

图 4-1 中国乡村旅游发展路径

（二）我国乡村空间的现实与需求

在乡村开发建设的实践过程中也产生了一些问题，如没有理顺"美丽乡村"与生产、生活的关系，对环境不合理的开发建设导致了生态环境的破坏，环境保护与经济发展之间的矛盾越加突出，乡村建设价值取向偏离。其一，与城市健全的规划体系不同，乡村规划显得薄弱，甚至直接运用城市规划设计理论方法来解决乡村建设问题，而忽视了乡村中存在的独有要素。乡村城市化，使乡村丧失了原有的风貌。其二，村庄单一、同质格局严重，"特色危机"，不注重文脉的保护而是一味地"农家乐"模式已经无法满足人们的游憩体验需求。面对这些问题，必须在建设房车营地之前先对乡村空间的现实情况和需求进行分析，从而有针对性地制定营建策略。

乡村空间系统由经济、社会、聚落三大空间结构组成。乡村经济空间是指以聚落为中心的经济活动、经济联系的地域范围及其组织形式；乡村社会空间指的是乡村居民社会活动、社会交往的地域结构；乡村聚落空间则是乡村聚落的规模、职能及空间分布结构。三者之间存在着密切的相互关系。

（1）经济空间的动态性决定了区域联动的需求。一直以来，经济落后、产业单一、孤立于城市经济空间等特征是我国乡村经济空间的主要面貌。但近年来，在城乡统筹发展的模式下，传统乡村经济空间在逐渐转化，表现在经济上从农业向非农业转型，第一二三产业的融合改变了"一户一分田"式的传统乡村布局模式，也打破了我国城乡长期的二元结构关系。过去乡村向城市单向聚集的模式，通过产业合作、功能转移、要素渗透等途径，逐渐向城乡双向互动的模式转变。整个乡村经济空间在城市经济要素渗入，第二、第三产业与第一产业互动发展的背景下不断被重新塑造，乡村经济活动密度大大增加，城乡经济空间景观差异缩小。乡村与乡村、乡村与城市之间的经济交往日趋紧密。

（2）社会空间的多元性决定了功能复合的需求。乡村社会空间的多元性主要基于两个因素，即乡村群体的多元、乡村社会活动的多元。乡村群体的多元表现在随着城市化发展，大量乡村人口涌入城市，同时一些城市居民渴望回归乡村生活而迁居乡村，人口结构发生变化，传统意义上划分乡村与城市的时代终将被城乡一体化发展所替代。而传统的农民也逐渐从封闭、半封闭、半自给性的小生产者向开放性、经营性的商品生产者转变，农民内部发生着阶层、职业的社会分化。

随着乡村人口结构的多元变化，人们对社会交往的需求越来越迫切，而我国大部分乡村的社会空间是缺失的，甚至等同于居住空间，因此长期表现出对社会活动的迫切需求与社会空间发展滞后之间的矛盾。而作为社会空间重要组成部分之一的游憩空间建设更加滞后，对外来游憩者来说，游憩空间意味着自然的田园景色和淳朴的农舍，对于乡村居民来说，游憩空间更成了城市的专有名词。事实上，我国的乡村居民长期处于只有生产和生活、没有休闲娱乐的单一状态之下。因此，乡村社会空间的缺失也是导致出现"空心村"的重要原因之一。

（3）聚落空间的相对性决定了空间界面的形式。不少学者从我国各地区的乡村聚落研究中得出，我国的乡村聚落存在平均规模小、布局零散、土地利用率低等问题。不同尺度、不同区域的乡村聚落分布的影响因素不同，但总的来看，乡村聚落分布的初期强烈依赖自然条件。而后，随着社会的发展，逐渐由地理位置偏僻、交通不便利、居住环境条件差的区域向地势相对平缓、交通基础设施相对优越、经济发展环境较好的地方集中。因此，聚落空间具有现代交通取向、现代市场取向、资源与能源取向。

而乡村聚落空间的零散分布既限制了乡村的发展，又造成了空间的浪费，因此迫切需要从分散向聚集转型，这对于改善乡村居住条件、提高土地利用率具有重要意义。并且乡村聚落空间的整合是基于发展的需要，通过对各种聚落组成要素的内在关联性的挖掘，克服发展过程中相同构成要素的分离，达到资源要素的统筹利用。

二、房车营地在乡村营建的策略目标

集群共享策略是基于乡村区域协同发展目标形成的策略，主要从房车营地在乡村营建所面临的现实问题、共享发展需求以及未来发展趋势入手，并结合前文中对集群共享策略机制的剖析，将房车营地在乡村营建的具体共享策略目标归纳如下（图4-2）。

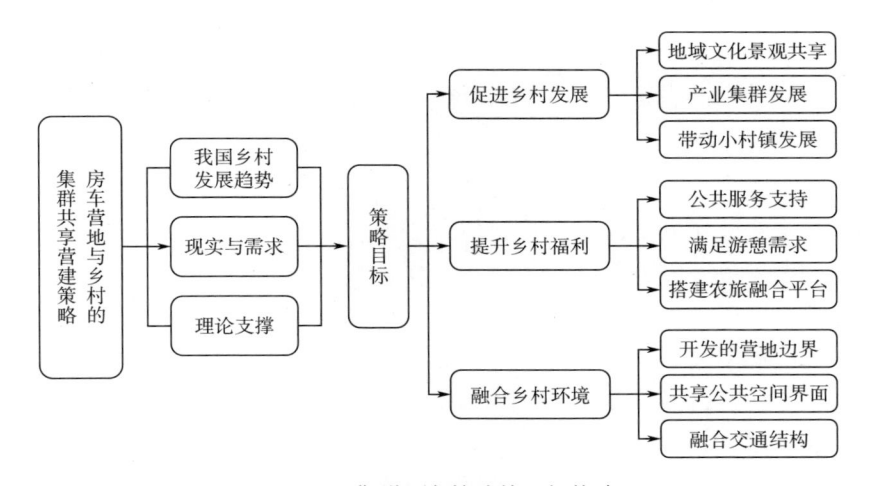

图 4-2　集群共享策略的目标构建

一是区位选址：房车营地的区位是营地体系营建的落脚点，集群共享的核心是有效引导要素集聚，要素包括自然要素、文化要素、产业要素等，按实现最大效用原则来确定营地区位，形成区域协同共享的空间网络结构。

二是功能拓展：房车营地有其自身丰富的功能属性，如何在乡村的大环境下为房车营地赋能，是房车营地可持续发展的根本。这个维度的策略目标是在保证房车营地功能的同时实现与乡村居住空间、社会空间、经济空间的功能复合。

三是空间界面：房车营地与乡村环境是两个不同的空间体系，合理的空间界面可以促进交流、融合和共享。这个维度的策略目标是建立房车营地共享共融的空间界面，形成和谐的空间关系。

　　房车营地的集群共享营建策略本质是通过房车营地的建设，将若干的乡村集聚成共享的网络结构，乡村不再作为为城市单纯提供生产要素的依附地，实现了多种要素的相互组合流动；乡村的经济、社会、生态价值重新被发现和理解；使农村享有与城市同等的社交和游憩机会，最终目标是实现房车营地的可持续发展和乡村资源的整合，提升居民的福利。

第二节　乡村型房车营地的区位原则

　　"区位"本身来源于一个竞争优势空间或位置的概念，任何空间的发展都遵循着区位竞争原则——选择与自身相适应的最优区位。最早的区位理论源自对农业与城市关系的研究，是德国农业经济学家杜能（Thunnen）在1826年出版的《孤立国同农业和国民经济的关系》一书中提出的。农业区位论的意义是阐明了以城市为中心，区位对于农业集约程度和土地利用类型的影响。具体模型是以城市为中心的同心圆结构，实际上任何区位优势都是以资源优势为中心的同心圆结构。但这个理论模型是一种理想化的状态，而现实的区域间存在自然禀赋的差异，包括自然条件的不同、资源的稀缺性、分布的不均衡性和不完全流动性，以及区域空间距离的不可消除性。因此，任何空间在投资和经营选址前都应综合考虑区位特征，即对区域自然环境和人文环境进行综合判断，为区位选择提供理性判断依据。

　　因此，在我国乡村营建房车营地也必须理性判断区位特征。由前文分析可知，我国乡村空间广袤，聚落分布零散，但是很多都有独具特色的自然和人文资源，因此，不能以城市为圆心来辐射乡村的发展，而是要挖掘乡村的特色和潜力，形成特色鲜明的产业形态，提供便捷完善的设施服务，带动周边区域发展，形成集群化的区域系统，从而形成城乡一体化发展的新局面。房车营地在乡村的集群共享策略正是实现这一目标的有效途径。而房车营地的区位选择是营建的基础，应从区位特征、区位关系及空间结构方面综合考虑，理性判断。

一、驱动乡村文化环境资源的提升

我国现代人文环境学奠基人李旭旦认为："文化景观是地球表面文化现象的复合体，它反映了一个地区的地理特征。"文化景观的形成与发展和地区的自然资源、历史文脉息息相关，具有典型的区域特征。我国幅员辽阔的乡村空间孕育了丰富的文化景观类型，是乡村宝贵的文化遗产和景观财富。但城市化的迅速发展对乡村文化景观形成了巨大的冲击，乡村的空心化使传统文化慢慢消退，呈现边缘化、孤岛化、破碎化，乡村地域文化的传承和景观的保护面临巨大挑战。

因此，从区域层面考虑房车营地的布局，首先要在区域内形成文化景观共享的动线。因为，乡村之间虽然因农田或聚落有相对的空间界限，但是在一定的区域内人文景观是连续性的，共同形成较为完整的地域文化景观体系。然而，从我国近几年在乡村建设房车营地的经验来看，选址都是在人文或自然特色村或者城市边缘的郊区镇，并且都是独立的营地，还没有从区域层面上建设营地的先例。虽然在短时间内带动了乡村的经济发展以及自然和人文资源的发掘，但是往往缺乏活力，后期运营和维护都十分艰难。而从国外的成功经验来看，房车营地的规划是在区域层面形成动线，将分散的村落集聚起来，不仅有效地带动了整个区域的经济发展，也使房车营地有了更多的可能性。

乡村地域文化景观除自然环境外还包括生产、居住、交往等景观特征的集中体现。在一定区域内通常有相似的地貌特征，如水系、山脉、森林等重要景观，以此为乡村区域背景构建"地域文化景观圈"。而后，需要有效整合区域中局部存在的能够体现乡村地域文化景观特色的要素（如特色建筑、产业、文化等）。但在我国，这种特色景观节点都以村为单元，相对独立。例如，江南水乡自明清发展至今，临河而筑、因水成街、傍河兴市，通常在一条水系上分布了受吴越文化熏陶的若干特色小镇；同样的，皖南古村落依山就势，形成了别具一格的徽派建筑群，具有厚重的明清徽州古村落文化底蕴。但不论是江南水乡还是皖南古村，我们所熟知的都是以村为单元的乌镇、周庄、宏村、西递等独具特色的文化小镇，而不是一条串联各特色小镇的景观网络。

房车营地以其流动性和拉动力成为发展乡村地域文化景观空间网络的重

要驱动器。首先，房车营地的建立可以成为连续多级的地域文化景观廊道，进而构建起文化景观动线；其次，房车营地以其拉动力可以实现村与村之间的物质和能量的交换和流通，从而形成乡村地域文化景观空间网络（图4-3）。

○ 地域文化景观圈　● 特色小镇　■ 房车营地

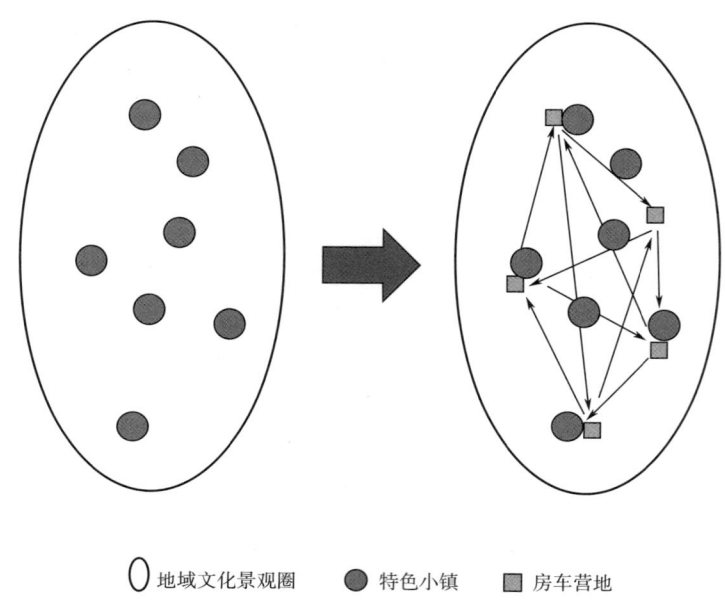

图4-3　形成乡村地域文化景观共享的房车营地布局

以莱茵河（Rhine River）在德国境内流域沿岸建设的房车营地为例。这一段是莱茵河的中上游河谷，2002年被联合国教科文组织列入世界遗产名录，始于莱茵河526千米的美因茨市的宾根（Bingen）至莱茵河593千米的科布伦茨（Koblenz）市，全长67千米，由20个行政区域组成，其中仅有科布伦茨一座城市，其余19个区域全部是乡镇和村庄。这些村庄中最大的宾根（Bingen）仅2万人口，但农业面积占总面积达49.4%，而最小的德尔沙伊德（Dorscheid）人口不足500人。这些村镇都是依河而建，沿河还建有28座中世纪的教堂和古堡，居民以葡萄种植和旅游业以及两种业态衍生的相关产业为主要经济支柱（图4-4）。

从20世纪80年代开始，由于铁路公路等交通运输形式变得发达，莱茵河作为航道的功能渐渐削弱，地区的发展必须寻求新的出路，莱茵河及沿岸景观的旅游价值开始凸显。对莱茵河沿岸的开发秉持着既保持河谷自然景观

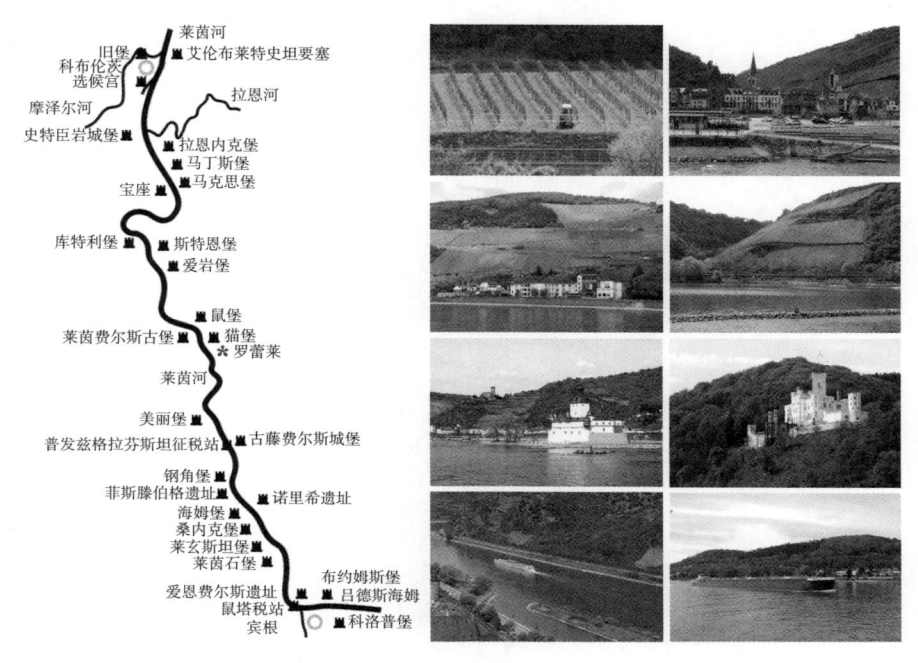

图 4-4　德国莱茵河沿岸村镇

的独特性，又要以沿河的村庄带动发展。因此，过去那种只考虑小范围区域开发的做法必须转变为从整体观出发的意识和行动，目标是建立一个地域文化景观网络，同时建设一个集生活、度假和经济于一体的综合性区域。

教科文组织将莱茵河中上游河谷作为一个持续的文化景观列入名册，而不是将其中一两个村单独入册，正是因为其有关联的景观，景观中有着宗教、艺术或文化上的关联，是一条连续的文化景观带。而房车营地成了连接这些特色历史村庄的重要景观廊道，在这 19 个乡村及一个城市的延河区域内分布了多达 16 个房车营地，几乎每个自然村都建有房车营地，将这一区域串联起来形成乡村群组，营地的布局表现出明显的集聚性（图4-5）。

而从营地的具体数据来看，其规模有大有小，最大的超过 10 公顷，最小的不足 0.5 公顷。功能上有设施齐全、游憩设施丰富的复合型营地，也有仅作临时停靠的紧凑型营地，最大的 Sonneneck 营地有 355 个房车营位之多。开放时间大部分都表现出明显的季节性，集中在 3~10 月（表4-1）。

100　文旅融合·共享发展：房车营地营建策略

图中标注地名：
莱茵河、科布伦兹、摩泽尔河、拉恩河、恩斯、布劳巴赫、波帕德、欧斯特斯派、坎普-波恩霍芬、含盐浴场、黑尔岑那赫、克斯特尔德、圣郭尔斯豪森、圣哥阿镇、罗蕾莱、莱茵河、上韦瑟尔、考布、巴哈拉赫镇、劳赫豪森、劳赫、尼德海姆巴赫、特雷西汀斯豪森、阿斯曼豪森、吕德斯海姆、宾格桥（区）、宾根

图 4-5　莱茵河沿岸乡村的房车营地分布图

表 4-1　莱茵河沿岸房车营地统计数据

房车营地名称	面积/公顷	营位/个	开放时间	鸟瞰图
摩泽尔营地（Rhein-Mosel）	1	200	全年	

续表

房车营地名称	面积/公顷	营位/个	开放时间	鸟瞰图
贝驰耶德尔磨坊营地（Wohnmobilhafen）	—	60	全年	
拉赫内克营地（Burg Lahneck）	1.8	72	3~10月	
狼磨坊营地（Wolfsmühle）	3	125	3~10月	
休闲中心营地（Freizeitzentrum）	3	120	1~10月	
河岸草地营地（Uferwiese）	0.5	40	4~10月	
索奈克营地（Sonneneck）	10	355	4~10月	

续表

房车营地名称	面积/公顷	营位/个	开放时间	鸟瞰图
朗斯克纳营地（Loreleystadt）	—	50	3~10月	
诺里布里克营地（Loreleyblick）	6	300	全年	
弗里德瑙营地（Friedenau）	1	50	3~10月	
朔恩布里克营地（Schönburgblick）	—	50	3~11月	
布特亚丁根营地（Sonnenstrand）	1.3	75	4~10月	
苏莱卡营地（Suleika）	4	83	3~10月	

续表

房车营地名称	面积/公顷	营位/个	开放时间	鸟瞰图
马里诺特营地（Marienort）	2.4	140	全年	
兴登堡营地（Hindenburgbrücke）	3	160	全年	
莱茵河营地（Rhein）	4	180	4~10月	

（数据来源：莱茵兰·普法尔茨州统计局　图片来源：作者拍摄或来自营地官网）

二、引导乡村新型产业集群的发展

迈克尔·波特（Michael E. Porter）在其1998年发表的《集群与新竞争经济学》一文中提出，产业集群（industrial cluster）指在某一特定领域（通常以一个主导产业为主），大量联系密切的产业以及相关支撑机构在空间上的集聚，并形成强劲、持续竞争优势的现象。产业集群的形成对乡村发展具有重要意义，企业、劳动力、运输设施等生产设施的高度集中是乡村产业集群的基本特征。通过"本地市场效应"（home market effect）扩大优势，吸引成本关联企业及需求关联企业入驻，进而使大量企业向乡村的产业集聚地迁移。这种集聚促使人力资本、实物资本和知识资本的地区积累，并由此带来多重效果。产业集群化与乡村之间存在协调发展的内在要求，呈现为互动演进。

集群式发展是农业旅游产业获得竞争优势的战略之一。但人们通常认为产业聚集大多发生在高技术产业、信息化产业等领域，在地理上也较集中于城市，而乡村大面积的作物种植似乎无法吸引企业和资本的聚集。而实际上，乡村的产业集聚能缓解乡村要素紧缺和减少资源闲置的问题，还可以促进乡村的创新创业，实现乡村振兴的战略目标。而对于与之结合的产业来说也具有很强的吸引力，尤其是农业与旅游业的产业集群的形成，更有助于形成发展优势和规模效应，进而实现农业与旅游业的长久健康发展。

（一）乡村与房车营地的产业互动发展优势

（1）区域品牌竞争优势。构建乡村与房车营地相关产业的产业集群，有助于打造区域性品牌优势，产业的结合并不会使彼此的特色消失，反而会碰撞出更具特色的乡村旅游形式和旅游品牌，还有助于实现规模效应，提高整体发展水平，从而提升外部竞争力。

（2）成本优势。形成农业和房车营地相关产业的产业集群有助于将分散的资本、技术和资源重新整合，如一些公共设施和服务的共享，既满足了露营者的使用，又提升了乡村居民的社会福利。同时，搭建信息技术的交流平台，实现上下游产业的深度合作和共享，有助于乡村产业和房车营地产业的互动发展。

（3）创新发展优势。通过对乡村资源的整合，并与房车营地相关产业形成集群，有助于激发创新活力。由于乡村的产业相对单一，在创新性上长期处于相对落后的局面，而房车产业作为我国的新兴产业与乡村形成产业集群能有效带动乡村创新活力。通过不断进行产品、技术、服务的创新，全面推动乡村的创新发展。

（二）促进产业结合的房车营地区位特征

（1）以房车营地为核心的产业布局，房车产业及其延伸产业有极强的经济拉动力。主要包括两个方面：与房车相关的工业产业，如汽车维修、零配件生产供应、房车租赁等；和房车游憩相关的服务产业，如游憩设施开发、游憩活动组织、营地内的相关服务等。因此，房车产业特别适合在一些缺乏特色和活力的区域建设，作为激活地方活力的契机。例如，在我国东北地区的很多自然村，相同的文化、生活方式、生产方式，使得村与村之间同质化严重，甚至旅游方式都是十年如一日的"农家乐"，乡村旅游市场逐渐失去吸引力。而以房车营地为核心的产业布局模式正是这一困境的出路。

（2）房车营地外围应规划有利于产业聚集的空间。考虑到房车营地在乡村建设的动因之一是城市生活的人群向往或者想要体验乡村的生活方式，同时乡村居民也希望为自产的农副产品找到销路，渴望交流新的技术与知识。因此，在房车营地外围应规划有商品买卖市集、物品交换空间、信息交流平台等。

（3）与乡村特色产业结合的用地规划，乡村的一些特色产业有很强的吸引力和教育意义。例如，农业科技园、采摘园、民俗文化产业等都极富特色，房车营地在乡村的建设应考虑与这些特色产业结合，碰撞出新的火花。在区位的选择上也宜更靠近这些特色产业，建立有利于它们之间联系的空间格局，使溢出效应更加明显（图4-6）。

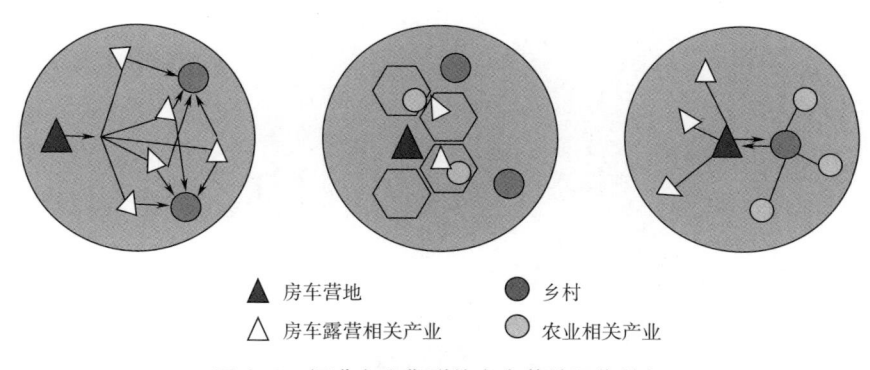

▲ 房车营地　　● 乡村
△ 房车露营相关产业　　○ 农业相关产业

图 4-6　促进产业集群的房车营地区位特征

三、构建多核并联的集聚式空间结构

前两节论述了房车营地应以驱动地域文化景观共享和引导产业集群的布局和区位模式来营建，我国乡村的空间特征通常表现为松散的点状分布，在一个区域内通常有若干个大大小小的乡村，无法在每一个乡镇都建设房车营地。因此，应建立多核心层级的空间结构。

房车营地选址的多核结构就是一个房车营地在一个乡村的建立构成一个核心（通常是有文化景观优势或产业优势的乡镇），每个单核具有独立的功能形式和各自的影响范围，单核心表现为从中心向外辐射的卫星状结构，各次级核之间的联系小于与核心的联系。各核的规模不同可以再划分出中心核，或是多核结构中各核的大小相近、资源分配平均，表现为平衡的网状结构。

多个中心核之间为并联的组织方式，呈网状结构，通过各核之间的交通轴联系成一个完整的多核层级的集聚式体系。

以莱茵河流域房车营地为例，上韦瑟尔镇（Oberwesel）以其优越的地理位置和文化景观要素成为建设房车营地的最佳选址，而房车营地的营建又为上韦瑟尔镇形成产业集群提供了契机，因此成为中心核，向外辐射9个村，中心核既为这些原本仅以农作物种植为唯一经济来源的乡村带了客源和新的产业，还成了这些次级核乡村农副产品的销售市场。同样，另外18个村镇也表现为明显的核心结构，这些核心又彼此联系，形成多核网络结构（图4-7）。

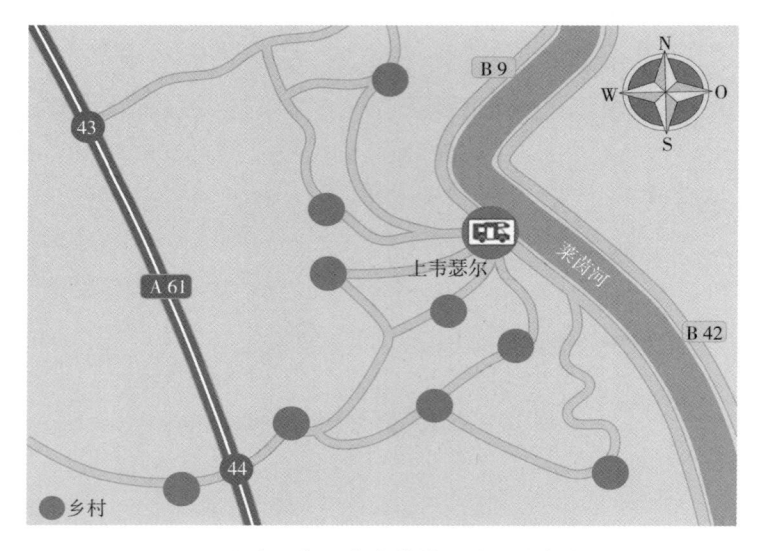

图4-7　上韦瑟尔以房车营地为核心的多核结构

这种多核层级的空间结构是房车营地在乡村营建的一种整体观视角的空间关系结构，由单点状的集中演变为网络状的互动，由单个村镇的集中演变为乡村群体的整体带动。值得注意的是，多核层级的空间结构并不是全部资源和投资集中于一个村庄，还可以将一些功能和产业转移到次级核的乡村，但核心较其他次级核仍居于中心地位，并有更高的复合度。因此，核心村依其景观游憩潜力、地理位置、功能复合度和空间尺度规模成为多核结构的核心，并形成多核的网络空间聚集结构。

第三节　乡村型房车营地的集群共享功能价值

由前文可知，房车营地是社会、经济发展到一定程度的产物，由于其独特的游憩方式和对区域的拉动作用成为新的旅游投资热点，为地区发展创造了新机遇。房车营地与特色小镇的结合开发，以及乡村旅游精品路线的打造，都使房车营地在乡村的建设成为热点中的热点。但我国的房车营地建设还处于初级阶段，我国的乡村也不同于发达国家的乡村，如何使房车营地融入乡村并且可持续发展，同时借助房车营地的建设实现乡村旅游的转型、提高乡村居民的社会福利和实现其自我价值，房车营地功能的拓展是一个重要途径。

根据马斯洛需求理论（Maslow's hierarchy of needs）可以将消费需求划分为三个层次：生存消费、闲暇消费和发展消费。在过去，乡村居民由于收入水平低，其消费需求限于基本的生活资料。随着社会经济的发展，乡村居民的收入也大幅提高，消费需求也随之进入较高层次，开始向高质量、多样化和个性化的方向发展（图4-8）。

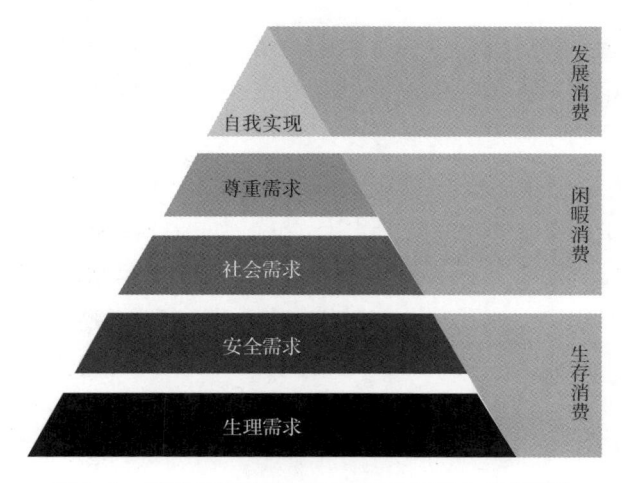

图4-8　基于马斯洛需求层次理论的三个消费层次

一、促进乡村公共服务均等化的功能共享

随着我国对"三农"问题的重视程度不断提高以及城乡统筹发展战略的实施，农村对公共产品的需求也发生了重要的变化，主要体现在两个方面：一是从量的角度看，作为建设社会主义和谐社会的重要组成部分，农村社区的发展在客观上需要社会各界增加投入，增加公共产品的供给；二是由于需求结构的变化，农村不但需要继续通过增加对农田水利、道路交通等为生产服务的公共产品的投入来发展生产、增加收入，而且需要通过增加教育、卫生等社会事业的公共产品投入来改善生活条件、提高生活水平。

但我国农村的公共服务和公共基础设施建设状况令人担忧。我国城乡的二元结构使社会经济资源集中于城市，农村的基础公共服务得不到保障，导致城乡的差异逐渐显现。但随着人均国内生产总值（GDP）的增长，农村对公共服务的需求不断增加，要解决这对供需矛盾就要增加乡村公共服务总量，并对供给结构进行改善，实现公共服务城乡均等化。

关于公共服务供给主体，学者们持两种观点：政府单项供给和政府与民间组织混合供给。黄佩华（2003）认为，仅以政府为唯一主体提供农村公共服务，在实践中已被证实不足以满足农村对公共服务的质量和数量需求。通过近几年对文献的梳理可以发现，学术界越来越多的学者认为在农村公共服务供给上应该选择混合型的多主体供给。而"十二五"时期政府在转型时提出在强化政府公共服务职能的同时，需要支持、组织和引导民间组织参与公共服务。这也为房车营地实现乡村公共服务功能共享提供了机遇。

房车营地的特征是集生活服务与娱乐休闲于一体，因此，房车营地的建设必然配套有生活服务设施和娱乐休闲设施，而房车营地在乡村的营建既可以带动乡村的经济和就业，又能填补乡村公共服务设施不足的缺口，将房车营地的功能拓展成为"服务中心"的性质。服务中心的概念出现于20世纪下半叶的北美，主要服务于贫困和偏远地区的居民，核心理念是"为当地居民提供高度功能性和支持性服务"。例如，美国俄亥俄州曼斯菲尔德市（Mansfield）谢尔比县（Shelby）的KOA房车营地，周围是大片的农田和零散的乡村聚落（图4-9）。营地的设施齐全，可以为附近的乡村提供基本公共服务，包括便利的生活设施、基础医疗、养老、技术、信息等。营地定期举办文化活动，丰富当地居民的文化娱乐生活，满足了人们对公共服务的需求，实现

了服务中心的功能拓展,而因其对乡村的供给,以及乡村居民的参与,潜移默化地形成了一种"社区精神",使当地居民更愿意接受和维护房车营地的持续发展(图4-10)。

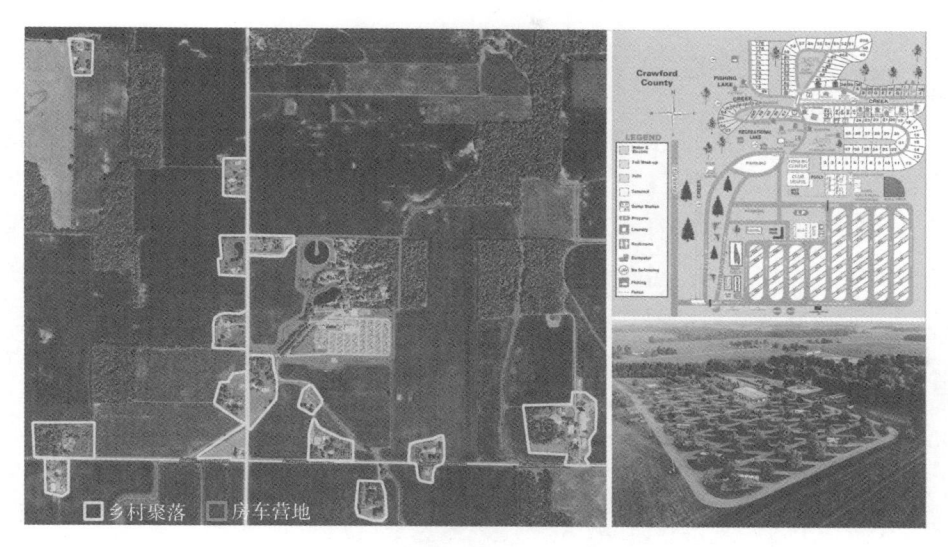

图4-9 美国谢尔比县KOA房车营地作为周边乡村聚落的"服务中心"

图4-10 美国谢尔比县KOA房车营地提供的公共服务

二、满足多元游憩需求的功能支持

虽然我国的乡村居民对闲暇消费的需求越来越高,包括体育、旅游、娱乐、文艺等方面,但当前乡村居民的闲暇消费中普遍存在消费层次不高,闲暇消费环境欠缺和缺乏闲暇消费空间三大问题。首先，受传统的农业生活习惯的影响，我国乡村居民的闲暇消费层次较低，缺乏健康向上的娱乐活动；其次，由于乡村环境对信息的接收相对闭塞，乡村居民很少能接触到最新的休闲娱乐资讯，对新兴事物不愿意主动接受；最后，是休闲娱乐空间的缺失，在公共服务相对滞后的情况下，休闲娱乐空间更是无从谈起。而房车营地的建设可以有效地解决这些问题。

首先，在休闲娱乐空间的建设上，完整的房车营地通常配备有满足不同年龄露营者需求的娱乐区域，包括儿童娱乐区、各项体育活动区、特色文化活动体验区等，可以填补乡村缺少休闲娱乐空间的空白。在与当地居民共享的方式上，管理者可以选择开放或部分开放使用、季节性使用、有偿使用等方式，惠及当地乡村居民。还是以美国谢尔比县 KOA 房车营地为例，营地建设有丰富的休闲娱乐设施，包括迷你高尔夫球场、各种球类运动场（篮球、网球、沙排球）、儿童游乐场、宠物游乐场、温泉泳池等满足不同人群娱乐需求的活动场地（图 4-11）。

图 4-11　满足不同人群需求的休闲娱乐空间建设

其次，文化活动的组织也是房车营地的特色之一。房车营地的露营文化与地方特色文化的结合是其亮点，而定期举办的文化体验活动能增进城市居民和乡村居民的交流互动。尤其是我国以家庭为单位选择房车营地的露营者较多，而孩子是中国家庭关注的重心，也是活动参与度最高的群体。据调查，孩子们对传统文化的接触和体验以及对自然生态的科普是家长们最愿意参加的活动。因此，可以以房车营地为平台组织相关活动，创造更多城市居民和乡村居民交流的机会。同时，营地也可以组织各种讲座、音乐会、科教活动来丰富乡村居民的精神文化生活，尤其是很多乡村断层严重，留守的都是老年人和孩子，在为孩子创造交流活动的同时，也可以为老年人举办一些学习和交流活动。以美国佛罗里达州奥基乔比县（Okeechobee）KOA 房车度假村为例，营地内经常组织各种文化娱乐活动，包括主题舞会、音乐节、艺术节、星空剧场、户外博览会等，还有以当地特产为特色的节日：斑鲈鱼节、蘑菇节、沼泽白菜节等等，以及各种趣味比赛。营地也为孩子和老年人组织了各种寓教于乐的活动，如教孩子们扎染、绘画，为老年人举办钓鱼比赛和各种趣味游戏竞技，图 4-12 为老年人参加营地举办的宾果（Bingo）比赛。

图 4-12　美国奥基乔比县 KOA 房车度假村房车营地组织的文化娱乐活动

三、搭建农旅深度融合的共享平台

党的十九大报告明确指出，要"实施乡村振兴战略""促进农村一二三产业融合发展"。其中，农业与旅游业的融合是实现乡村振兴的重要突破口。目前学术界对农旅融合的概念还没有具体的界定，但对其发生机制与本质特征已有共识，即农旅融合的本质是创新。但现阶段我国农旅融合的项目缺乏精细化规划，且特色不明显，单纯依靠乡村资源吸引的传统"农家乐"旅游形式已经不能满足农旅深度融合的需要。因此，农旅的深度融合不再是简单的相加，而应将建设重点调整为促进农业产业链延伸，与旅游业交叉联动形成新型业态，以新的业态搭建起现代农业与现代旅游业深度融合的平台。

房车营地作为农旅深度融合的平台具有先天优势。过去"农家乐"的农旅结合形式之所以无法保持稳定的客源市场，其中一个原因是乡村的各项基础设施相对城市较落后，城市居民来到乡村体验农业生活是出于好奇，表现出来的旅游意愿是停留时间短、不愿意二次消费。而停留时间长和游客的忠诚度高是一个成功的旅游地最重要的两项指标。房车营地以其完善的公共服务设施、丰富的娱乐体验项目以及多样化的活动组织，吸引了不同年龄层的露营者。据调查，在国外以旅游为目的的露营者通常在营地停留3～5天，而我国游客在房车营地的停留时间为1～3天。虽然现阶段停留时间相对较短（一般由于我国房车旅游发展的时间较短，市场还需要一段时间的培育），但对露营者的访问结果显示，大部分的露营者表示满意，并愿意多次前往，这为农业和旅游业的深度融合提供了优质的平台。

房车营地在为农业提供平台和市场、有效延伸农业产业链的同时，还应挖掘农业内部的各种资源价值为房车旅游所用，形成农业与旅游业的融合和共享。房车营地主要可以从以下几方面实现农旅融合的平台功能。

（一）做优农旅融合效益

按照传统农业的常规解释，农业的效益体现在经济效益的最终变现，即农产品的经济产出。基于时间利用角度，农作物必然要经历从播种到成长再到成熟的过程。按照传统农业惯例，必须在农作物收成之后才能实现经济效益和社会效益，且前提是无任何灾变，否则经济效益无从体现。但以房车营地为平台，利润生成可以有很多的途径。例如，如前所述，露营者借由认识自然生态和科普教育来体验播种、收割、农产品加工等多种农业生产环节；抑或在房车营地内开辟小块"农田体验区"或"动物养殖区"，邀请当地居民指导生产，从各个环节实现农业效益的产出，从而提高乡村居民的经济收益。

房车营地促进农旅融合的效能还包括对乡村空间的赋能。传统的乡村旅游生成效益的往往是特色自然景观、农居等点状的景观节点，而房车营地在乡村的建设发展相当于以房车营地为核心向外辐射，所有乡村资源都可以植入旅游功能，同时任何乡村空间都可能因为开展不同形式、不同程度的旅游活动而产生客观的经济收益。

(二) 打造农旅品牌

以房车营地为平台打造农旅融合品牌，这里的农旅品牌既不是农业产品品牌，也不是旅游地品牌，而是农业与旅游业融合的区域品牌，打造区域精品房车旅游线路如以茶为主题的茶旅文化线路等特色体验的农旅融合品牌备受青睐。有特色的项目才会有市场，才能实现可持续发展。培育农旅品牌，就是要实现农产品向旅游地商品转变，从而打造地方性品牌。

第四节　乡村型房车营地的集群共享空间界面

界面理论最早由曹鸿兴提出，主要研究具有维护和交换功能的系统边界。从 20 世纪 60 年代开始，地理学开始关注自然地理界面方面的研究，界面理论逐渐被运用到区域科学领域，并形成空间界面理论。空间界面指两个不同的系统在空间上形成的交界面，形成的原因大致有两类：自然因素和人类活动。空间界面是从空间格局的层面构建共享系统之间的空间联系。

界面两侧资源要素和活动类型的异质性，界面两侧系统常通过空间界面这一特殊结构产生辐射影响，在界面处会形成边界效应，而边界效应的本质可以概括为"屏蔽"和"中介"。屏蔽性在情感属性上是出于保护某种权益或隐私，其在房车营地的显性表现是在营地外围筑起高墙、栅栏或高大植被等屏障，在一定程度上限制了向内和向外的信息流动。另外，边界往往是物质、信息流动最为活跃的区域，起到过滤和优化的作用，既保持了两种空间系统的特性和优势，又在边界处进行了有益信息的交换，这就是边界的中介性。

乡村空间广阔，呈现多种风貌，有自然环境、乡村聚落、农田、社会交往空间等。而通过前文分析房车营地的优势区位和功能拓展，得出房车营地选址的三种倾向：优势生态景观、具有地域文化特性的聚落、交通便利产业聚集的社会空间。因此，本节将探讨房车营地与乡村的自然生态景观、乡村聚落、社会空间相邻所形成的资源交界面、文化交界面和交通交界面等空间界面的设计策略。

一、开放的房车营地边界

虽然房车露营发展至今变得越来越舒适、便捷，但其本质依然是追求以自由的方式融入自然环境，因此可以发现，很多房车营地是依河流、山脊而建的。在环境心理学理论中，私密性是指个体控制与他人或群体的接触距离。房车营地依自然地理环境而建在一定程度上保证了房车营地的私密性。同时，自然地理环境具有连续性，往往是一个整体，如果房车营地的边界竖起高墙，那便使房车营地与自然之间产生了"屏障"，在视觉上阻断了自然景观的连续性，在心理上也给人一种消极化的感觉。当房车营地选址与自然环境相邻时，在保证生态安全格局的同时应采用开放的边界设计。同样，当房车营地与农田等生产区域相邻时也可以采用开放性的营地边界，在保留景观的视觉连续性的同时加强空间的联系。或对空间界面进行优化处理，如种植低矮的植被或路面的设计改造，这也是对农业景观的优化。

例如，位于奥地利萨尔茨堡州洛弗勒镇（Loferer）和圣马丁（St Martin）镇之间的格鲁霍夫（Grubhof）房车营地，坐落在阿尔卑斯山脚下、萨拉赫河沿岸的一处草甸上，周围是传统的自然村落。营地采用全开放式界面，不但让露营者真正地贴近自然、欣赏壮阔的美景，还还原了房车露营最本质的魅力，塑造了一种积极的空间界面（图4-13）。

图 4-13　奥地利 Grubhof 房车营地的开放界面

二、融合共享的公共性功能空间

地理空间相互作用理论认为，相邻区域在经济上存在互补性规律，也就是说相邻区域间资源要素、经济水平差异大的相互联系频率更高、强度更大。而乡村聚落和房车营地不论在文化、空间构成、人口构成、资源构成等各方面都存在着差异，因此彼此间的交流互通是极其有价值的。如前所述，房车营地拓展出的与乡村共享的公共服务设施、娱乐活动空间以及促进农旅融合的共享平台等功能，要求房车营地的边界不能是完全封闭的，要有利于与乡村居民的交往和沟通。但国内现有房车营地为强调私密性和方便管理，在与乡村的界面处理上基本都做成了围合形式，使房车营地独具魅力的"非正式社交"环境被筑起的围墙、栏杆等消耗殆尽，与乡村聚落之间仿佛是两个毫不相干的系统。因此，应该通过有效策略来改变这种消极的空间界面，因为房车营地在乡村的和谐共享发展光靠优势区位和功能拓展还不够，促进共享的空间界面同样重要。

从对乡村聚落的研究可以发现，居住空间边缘多为对外交往和经济活动频繁的区域，在边缘有更多的发展机会，也更易形成共享的交流空间。但生硬地将房车营地置于民居旁边，不但在视觉上显得突兀和有隔阂，也使乡村居民和露营者的私密性得不到保证。因此，可将房车营位区域后移，将房车营地的公共服务和娱乐活动区域作为共享的公共性空间界面。一方面，在形式上公共性空间界面可以起到过渡的作用，不会使房车营地和乡村聚落突兀地彼此相邻；另一方面，也实现了房车营地的支持性公共服务和游憩空间功能的共享，形成了一个易于交流的积极性空间界面。

以法国绿色沙丁鱼（Les Prés Verts Aux 4 Sardines）房车营地为例。营地位于巴黎以西 539 千米的孔卡尔诺（Concarneau）海湾，营地面积 3 公顷，呈带状布局，一侧与当地乡村民居相邻，相邻的空间规划为开放的公共游憩空间（包括泳池、温泉、两个游乐区、网球场、小型高尔夫球场等）和公共服务设施（包括商店、餐厅、医疗服务、技术服务等），使两种空间系统形成和谐的空间关系（图 4-14）。

三、衔接乡村社会空间的交通结构

如前所述，乡村的社会空间是乡村居民社会活动和社会交往的空间，而社会活动和社会交往最多的是乡村的交通沿线和产业聚集区。房车营地在与主要交通干线或产业聚集区相邻时产生的空间界面要求信息和资源的流通应更加流畅。与此同时，由于空间界面的复杂性，也要兼顾房车营地的私密性，

图 4-14　法国 Les Prés Verts Aux 4 Sardines 房车营地的空间界面

主要的策略如下。

提升对外开口率，延展房车营地的共享界面。我国现阶段在乡村与社会空间相邻建设的房车营地大部分都设计成单出入口的围合模式，这就在一定程度上阻碍了共享、交流的机会，但像国外房车营地完全开放式的空间界面又难以实现，即便如此，也可以通过提升营地的开口率来提高与周边产业集群之间的互动。

交通结构的穿插，即当房车营地紧邻交通主干线时，将交通结构作为脉络穿插于一个或多个房车营地之间，保留原有道路的走向，将其作为营地之间共享空间的骨架，营造一种领域感；并通过混合功能布置，协同联动，优化整合资源，突出特色。

以位于法国贝诺德（Bénodet）海港镇的一组房车营地为例。交通结构穿插于三个房车营地之间，也就是三个房车营地分布于交通干线的四个方向，形成一种领域感，同时实现了资源的整合和空间的集约利用（图 4-15），无须每个营地都建设公共服务空间和游憩空间，形成了融合共享的局面。其中 Camping de kerleven 房车营地由于紧邻产业聚集区和海港，信息、资源交流更加频繁，因此采用多开口交通结构，创造了更多的互动机会；其另一侧由于靠近主干道，为保证营地的私密性，界面设计为高于车辆的绿植，以屏蔽噪声等影响。

值得注意的是，房车营地的选址有时并不是仅与一种空间类型相邻，在具体的规划设计实践时应综合考虑，运用多种策略来实现房车营地空间界面的共享与交融。

图 4-15　交通结构形成

本章小结

本章从区域层面入手，探讨房车营地在乡村营建的综合策略，其策略核心问题是如何以房车营地的创新性、综合服务能力以及经济拉动能力与乡村形成协调的共享关系。结合理论基础和我国乡村需求，以及房车营地的建设现状，将营建策略划分为形成集群共享的区位选址、功能拓展及空间界面三个层面，探求房车营地在乡村建设的共享营建策略。

（1）区位选址：基于区域协同联动的房车营地区位选址。驱动乡村地域文化景观共享的营地布局，是房车用地区域共享营建的出发点；引导产业集群发展的房车营地区位，是乡村区域发展的迫切需求；构建多核并联的空间结构，是房车营地促进乡村区域集约发展的必然选择。

（2）功能拓展：基于农旅深度融合的房车营地功能拓展。房车营地在对乡村公共服务供给方面的作用是做实农旅融合的基础，激发农旅深度融合的潜力；房车营地填补乡村共享游憩空间的缺失，提升乡村居民的参与感，形成社区精神，是做好农旅融合的环境，增添农旅深度融合动力；搭建平台则是做优农旅融合效益，提升农旅深度融合发展实力。

（3）空间界面：基于形成积极的非正式社交环境的空间界面。房车营地的开放性营地边界，还原房车露营本质并与环境和谐发展；房车营地与乡村居住空间的公共性空间界面营造，形成融合共享的空间环境；衔接了乡村社会空间的交通结构，是促进协同联动、增加交流互动的空间界面结构。

第五章

房车营地与城市游憩中心地的让渡共享营建策略

城市游憩中心地以城市为背景，有着城市社会、经济、历史和文化的深刻内涵，是集观光、节庆、交流、购物、餐饮、住宿、文化教育等于一体的多层次、多含义、多功能的共生系统。因此，房车营地在游憩中心地的建设不能单纯作为一个增加地方收入的旅游项目来开发，而是应该作为承载着城市物质文化与社会意义的创新空间元素。同时，一个城市游憩中心地的吸引力也不局限于对固有资源的利用，还应该寻求可持续的旅游资源并纳入其中。

让渡共享策略的让渡并不是单方面的割让，而是通过让渡使房车营地具备在城市游憩中心地生存的必备特征，即可激发其他作用的力量。通过寻求合作实现利益的最大化，以此实现城市游憩中心地乃至城市价值的提升和房车营地的可持续发展。

第一节 让渡共享与城市游憩中心地型房车营地营建的适应性

城市游憩中心地区别于城市游憩空间和旅游中心地的概念。城市游憩空间是指在城市范围内能够进行游憩活动的城市开放空间，一般包括公园绿地、文化娱乐用地、体育用地、文物古迹用地、步行街、广场等。而旅游中心地是中心吸引物的所在地，职能就是供给中心吸引物的职能，如风景区、度假村、娱乐中心等交通便利的少数地点。而中心吸引物（狭义产品）是指在少数地点（中心地）生产、供给，而由多数的客源市场前来消费的商品。

也就是说，城市游憩空间界定了空间的范围，即城市，即城市内可用于游憩活动的开放空间都可以称为城市游憩空间；而旅游中心地界定了空间的功能——供给中心吸引物，即满足供给中心吸引物的布局场所都可以作为旅游中心地。城市游憩空间拓展的是空间类型的广度，旅游中心地拓展的则是区域范围的广度。但城市游憩空间的有些空间类型不能提供给房车游憩机会（如居民区广场和商业步行街等），而旅游中心地在区域范围上的广泛使其用地情况更加复杂（有可能包括乡村和生态敏感区）。

本文援引城市游憩空间与旅游中心地的相关概念，界定城市游憩中心地主要是指在城市某一区位围绕旅游核心吸引物或旅游项目发展起来的集观光、休闲、娱乐、购物、交通、服务等各项功能于一体的综合体。基于房车营地的选址条件和功能实现，将城市游憩中心地分为以下几种不同类型：以城市历史文化为依托的文化游憩区，以城市产业区为依托的商业游憩区，以城市公园为依托的休闲游憩区，以运动、健身、娱乐为特色的体育游憩区等。

城市游憩中心地所表现出的中心性并不是指空间上的中心区位，而是指意义更为抽象的游憩中心作用。其优势是能充分利用城市的公共产品（包括公共设施、制度和政府公共服务水平）及城市社会化生产的外部经济效应。由于城市游憩中心地在餐饮、交通、商业等方面都相对发达，且分布较广，这类空间的外向性更为明显。

一、城市游憩中心地特征

（一）演化性

旅游地生命周期理论认为，任何旅游地都遵循着开发、起步、发展、稳固、停滞、衰落或复兴的发展规律，城市游憩中心地同样如此。但由于城市游憩中心地要素多元，其生命周期并不遵循单一的发展轨迹，很多时候是多种发展阶段的复合。在不受外部环境异常因素影响的前提下，决定旅游地生命周期的是旅游地吸引力的变化。研究发现，尽管中心吸引物（景点、建筑等）对游客有重要的吸引力，但游客往往不会多次前往。而另外一些要素（多元的体验项目等）开始并不被认为是核心吸引力的决定因素，却表现出了持久的吸引力。可以将城市游憩中心地视为由若干细胞组成的生物体，每个细胞的生命周期不同，但通过分裂（让渡）和繁殖（组合）会为生物体（城市游憩中心地）提供持续的生命力（吸引力）。换句话说，城市游憩中心地的持续吸引力取决于中心吸引物和目标市场的游憩空间及产品组合。

城市游憩中心地的演化性还表现在其并非单一的城市静态片段呈现，而是城市历史发展、文化积淀、资源利用综合演化结果的展现。因此，任何一个游憩中心地与它最初形成时的形态都是完全不同的，每个城市游憩中心地也都有其独特性。基于这一特性的研究可以找到房车营地在城市游憩中心地营建的切入点。

（二）开放性

著名城市理论家刘易斯·芒福德（Lewis Mumford）和埃比尼泽·霍华德（Ebenezer Howard）用"磁力"理论将城市及城市中心区域的各种"力"高度抽象为两种磁力——集聚力与扩散力。中心区域就是一个"磁场"，通过"磁力线"将各种要素（人、财、物）汇集于中心区，从而形成规模效益、市场效益、信息效益、人才效益、设施效益等。而在集聚的同时，中心区也在不断进行扩散——辐射，一方面是为了拓展空间和市场，增强集聚的能力；另一方面避免了过度集聚造成的资源短缺、环境恶化、产业趋同和恶性竞争等问题。除了向外的扩辐射，区域内部也表现出扩散的趋势，如产业间的渗透、空间的组合等。

城市游憩中心地作为城市中的一类区域类型，其空间结构发展也遵循这一原理。从游憩中心地的发展历程来看，其发展规律是集聚—扩散的动态演进。也就是说，随着城市游憩中心地建设发展日趋成熟，各项基础设施建设完善，由此产生的集聚效应使游客、市场、资源等都向中心集聚。但集聚达到一定程度（趋于饱和状态），中心便会表现为向外扩散（空间的扩张和寻求产业合作），而中心内部则表现为产业和空间的渗透和重组。从这一角度来看，城市游憩中心地的边界是开放的，内部空间是动态的。对城市游憩中心地这一特性的分析有利于确定资源开发和整合的空间序列。

（三）层次性

城市游憩中心地作为一个多要素组合的复杂系统还具有等级体系的特性，其等级由中心地规模、交通可达性、设施水平、信息服务等要素的级别来决定，根据空间结构的组成构成"系统、第一级子系统、第二级子系统、要素"等等级层次，越高层次的系统相互作用、相互关联愈复杂。这种层次性主要来源于德国地理学家克里斯塔勒（Walter Christaller，1933）提出的"中心地理论"，即中心地等级越高，所提供的商品和服务的数量和种类就越多；且中心地的数量和分布与中心地的等级成反比，中心地的服务范围与等级高低成正比；等级性还表现为高级中心地都附属几个中级中心地和更多的低级中心地，形成中心地体系。但城市游憩中心地与中心地理论不同的是两者判断层次性的原则，中心地理论依据交通、市场和行政区划来界定中心地的等级，而城市游憩中心地更多的是通过旅游资源、非生产性服务以及交通的可达性等原则来界定中心地层次。

城市游憩中心地一般可以划分为四个层次（图5-1）：作为核心吸引的历史古迹、自然景观、民俗建筑等地方优势旅游资源，是重点保护的核心层，以观赏为主；作为核心补充的次级景观或互补性娱乐活动，是可以开展多样化体验活动的层级；作为游客和城市居民共同享有的游憩带，包括公园、广场等公共游憩空间，是城市游憩中心地融入城市环境的过渡层级；最外层即城市环境，提供城市完善的公共、信息、商业服务等。

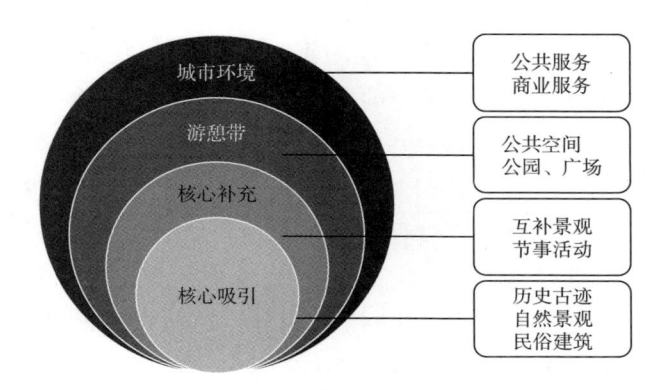

图5-1　城市游憩中心地的空间层级

（四）多元性

多元是指某一事物由多种要素构成，城市游憩中心地的资源、功能的多样以及使用主体的多元是城市游憩中心地的主要特征。首先，城市游憩中心地通常是一个城市的自然历史文化的缩影和集中表现，是城市游憩系统中诸要素在空间上的排列组合或者分布表现形式，是各游憩要素之间的空间组织关系。因此，具有丰富的旅游资源，其中包括自然资源、人文资源，而作为城市重要发展区域，其又具有丰富的社会资源。其次，在功能上也表现出复合、多样和叠加的多元化特征。游憩中心地通常是集休闲娱乐、住宿、文化教育等功能于一体的综合性空间系统。最后，是使用主体的多元。由于游憩中心地具有多元化的资源和功能，不仅会吸引国内游客，还会吸引国外的旅行者，以及周边居民，形成了多元化的游憩主体结构，同时也表现出多元化的主体需求。

由于城市游憩中心地在资源、功能和游憩主体等方面的多元性，因此房车营地在城市游憩中心地的建设在区域保障和支持层面的压力较小，而应该重点思考如何与城市诸要素间的物质、能量、信息进行流通和交换，即与各要素在空间中的相互关联、相互作用、相互渗透。

二、房车营地在城市游憩中心地营建的策略目标

房车营地在城市游憩中心地的建设评价不能局限于立时产生的预期效果，还应着眼于对城市发展的长期影响。房车旅游除了成为城市旅游业提质增效的新引擎外，其对城市发展的积极推动作用也不可低估，尤其是在激活城市活力和树立城市形象方面有着重要的影响。

城市区别于乡村和生态敏感区的特征是城市的动态性和多元性：任何一个城市都是一部历史，也在每时每刻书写历史。房车营地要想在城市发展的洪流中站稳脚跟，就必须思考如何将房车营地与城市发展在时间和空间的综合层面紧密关联，即将房车营地定义为城市发展在时间与空间的表达媒介。

另外，根据环境记忆心理学研究，人对环境的印象和记忆分为三个层次：物、场、事，人们记忆的内容首先是在环境中发生过什么事情，其次是发生在哪里，即环境的场所，最后才会回忆起环境的外观和细节。以游客对游憩空间的意向为例，当我们到一个风景优美的景点，当时感受到较为强烈的美感体验，但随着时间的推移会对这一场景越来越模糊。如果当时在场景中发生了印象深刻的某一事件，那么人们会对场所有更深刻的意向性和认知性。因为人们更习惯用事件来定位空间，比如"我们看日出的那个公园""我们一起跨年的那个广场"，这是由于人对与事件相关联的场所感受往往比场所本身带来的审美感受更深刻。

因此，房车营地在城市的营建应该与城市发展和游憩中心地的事件紧密相连，使空间与空间的阅读者之间容易形成互动，形成对空间在情感体验层面的认知。营建的策略从"城市事件"的角度切入，以"事件"来统筹"场"和"物"的营造。

第二节　城市游憩中心地型房车营地的让渡共享功能实现

让渡共享策略是基于资源的整合和集约利用，以及协同发展目标形成的策略，主要从房车营地融入城市发展和协同城市游憩中心地的发展以及这一过程中提升自身竞争力的角度入手。结合前文对让渡共享策略实现机制的剖析，将房车营地在城市游憩中心地的共享策略目标归纳如下（图5-2）。

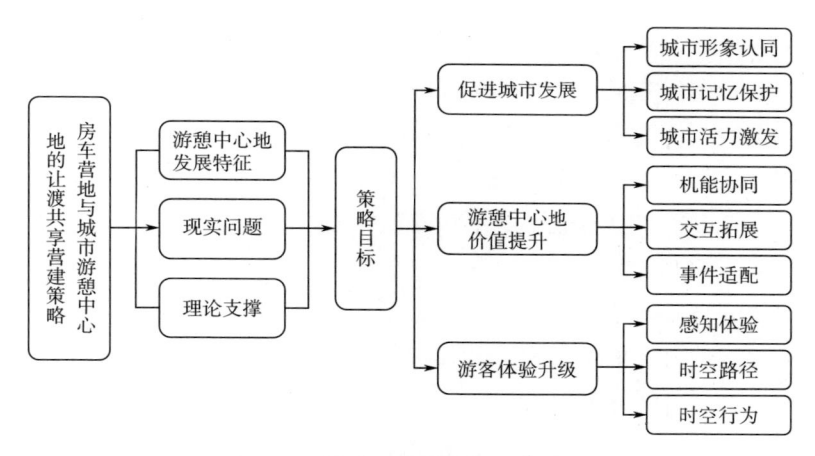

图 5-2　让渡共享策略的目标构建

（1）让渡城市发展以寻求自我塑造和形象认同。在城市背景下建设的房车营地不能仅关注自身的特色建设，还应将视野扩展到融入和促进城市发展的层次。以房车营地所特有的空间属性，从触媒城市重大事件、重构城市多样性事件及回归公共生活性事件为切入点，提升城市形象、促进城市记忆保护和激发城市活力，构建融入城市发展层面的营建策略。

（2）让渡游憩中心地价值提升以实现协调共享发展。以整合资源、集约利用为目标构建房车营地与游憩中心地的协同发展策略，形成向内聚合共享、向外交互拓展的空间结构。让渡是为了以功能和资源的集约带动空间的优化组合。而优化且具有弹性的空间结构也更适配于城市事件。

（3）让渡游憩者的感知体验以提升竞争力。在资源丰富、游憩类型多样的城市游憩中心地中，房车营地想要保持长久的吸引力和突出的竞争力，就要从游憩者的感知体验和行为特征出发，自下而上地营造营地空间和交通组织，游客满意度的提升才是保证房车营地竞争力的关键。

一、创立城市形象的事件触媒

城市事件能有效推动当代城市发展和环境景观建设已经被国内外诸多成功案例所证实。城市事件主要是指城市重大节事，具有国际、国内重大影响的节事事件。重大节事大致可分为四类：政治经济性活动，如亚太经贸合作组织（APEC）会议；文化性活动，如音乐节、美食节等；商业性的活动，如大型展会；大型综合性体育赛事，如奥运会、亚运会等。而承办重大事件必然会带来大量加大城市建设的投资，很多城市便以此为契机，对基础设施及环境建设进行优化升级，可以说，城市事件不仅是城市活力的"指示器"，也是城市活力的"调节器"，具有明显的城市触媒效应。

所谓"城市触媒"，根据美国建筑师韦恩·奥图（Wayne Atton）和唐·洛干（Donn Logan）提出的"城市触媒"（urban catalysts）理论，城市触媒是由城市所塑造的元素，然后反过来塑造它本身的环境。换句话说，城市触媒是能够促使城市发生变化，并能加快或改变城市发展建设速度的新元素。这种激发和维系城市发生化学反应的"触媒体"可能是一个交通中心，也可能是博物馆或设计过的开放空间。而房车营地作为城市事件触媒体，具有与生俱来的优势。首先，房车营地空间的灵活性与开放性可以满足绝大多数节事活动对场地的要求；其次，房车营地兼具居住空间的作用，解决了短期节事活动中一部分游客的居住需求；最后，房车营地交通的可达性和相对完善的基础配套设施也成为节事活动选择其作为使用场地的重要原因。房车营地作为城市事件的触媒体对城市活力激发的具体策略主要有以下几个方面。

（一）提升城市知名度和影响力

在以资源的自由配置为特征的市场机制下，城市发展被赋予新的要求：在改善城市内部环境和提升城市文化内涵的同时，还应积极向外树立城市形象、城市品牌，综合提升城市竞争力。过去那种"酒香不怕巷子深"的传统观念已经渐渐被，在利用城市事件提升城市影响力的同时，还应主动制造事件。但在选择事件时不能只考虑短期收益，还应更多考虑通过城市事件的触媒获得更多的城市发展机会，对那些与城市发展定位和目标紧密联系的事件应优先考虑、重点支持。

我国一些城市为树立文化艺术形象，会举办一些音乐节、艺术节（如瓜洲音乐节、摩登音乐节、草莓音乐节等）。还有一些城市为丰富市民城市生活、吸引国内外游客，以本地文化特色为主题的美食节、民俗节（如西岸食尚节、沙滩文化节等）。一些经济发达、产业技术领先的城市则会举办促进经济技术交流合作的大型博览会（如房车露营展览会等）。这些城市事件很多都因房车营地的触媒优势而选择其作为承办场地。表5-1所列举的三个国内营地在作为城市事件触媒的总体情况比较。

表5-1 三个国内房车营地作为城市触媒的情况比较

营地名称	太湖迷笛营	北京房车露营公园	上海西岸营地
事件	迷笛音乐节	中国房车露营大会 北京国际房车露营展览会	西岸食尚节 水岸音乐会 艺术展等
滨水关系	临水区（湖）	近水（水库）绿地	近水（江）绿地
周边中心吸引物	太湖旅游度假区	北京房车博览中心 大宁山庄健身运动中心	龙美术馆 上海滨江滑板公园 后滩公园等
公共交通	地铁：4号线	地铁：10号线 公交车：321、459、952路等	地铁：7、11号线 公交车：44、82、342路
事件时长	3天	3~6天	1~8天
营地常态			
城市事件时期的状态			

从对比结果可以看出，太湖迷笛营、北京房车露营公园、上海西岸营地

以其游憩中心地的优势区位和优美的营地建成环境成为城市事件的触媒体，对城市形象的树立起着正面的推动作用。但具体环境、所处的区位和营地规模，以及游憩中心地和城市定位的不同，又表现出了触媒不同的城市事件类型。在城市事件选址的方面，一般距离城市中心区近的营地适合举办一些面向本地市民的综合性节事。大型音乐节则更适合在较少市民居住的郊区或景区内的营地举办。而经济交流类展会更适合选址于有交通优势的房车营地。

（二）促进营地周边区域的良性发展

房车营地作为城市事件的触媒不仅激发了城市整体活力，同时也带动了周边区域，也就是游憩中心地的良性发展。提升现有资源要素的价值提升或做有利的转换。新元素对原有空间元素有补充优化的作用。例如，上海西岸过去是废弃的工业用地，以提升西岸整体环境为目标，改造成为集文化艺术展示和游憩功能于一体的游憩中心地。进而西岸营地也经过 10 年的城市事件触媒，不断升级优化，现已成为上海市的新地标（图 5-3）。

图 5-3　上海西岸营地周边 10 年发展对比

（三）刺激和引导后续开发

作为城市触媒的房车营地并非终极产品，而是一个可以刺激与引导后续开发的触媒体。换句话说，在通过城市事件来推动城市发展的同时也在促进营地发展。城市事件对房车营地的影响，一方面包括布局调整、基础设施建设的升级等，另一方面也推动了房车营地新功能的开发，植入新的场所标识与形象。通常城市事件的发生都有其连续性，因为经验的累积和城市形象的树立，城市与事件会形成直接关联，如一提到草莓音乐节会直接关联到北京，而历次节事活动的举办都会促使空间布局的调整，使其优化以适应节事活动的需要。同时，由于节事活动人数的众多，营地的基础设施必然会加大建设以满足需求。

总之，将房车营地作为城市事件的触媒，树立新城市游憩中心地形象的同时，也树立了新的城市形象。反过来说，城市事件不管作为一种空间的工具或者文化的工具，它的组织与实践都是由城市和游憩中心地发展的定位和目标所决定的。在这一触媒过程中，房车营地实际上是类似于化学反应中的催化剂，在出发城市发展的过程中，房车营地没有被消耗掉，它仍然是可以辨认的，在常态中仍有其自身功能属性的游憩空间。而通过城市事件触媒在激发城市游憩中心地甚至城市整体活力的同时，也塑造了营地本身，将达成"事件"这一短期目标与长期性的城市活力提升紧密结合是房车营地作为城市事件触媒的根本目标。

二、保护城市记忆的多样性事件重释

所谓多样性事件，就是以某一特定的城市空间为载体，历史上曾发生的或世代相传的具有普遍认知的重要事件，一般包括名人事件、建设事件、文化事件、战争事件、民俗事件等。实际上，每个城市都有属于自己的多样性城市事件，其具有的地域性和不可复制性，是区别于城市重大事件的根本特征。除此之外，多样性事件还具有故事性特征，由于其故事元素是作为整个事件的核心，形成了事件的叙事性，所以能打动人、感染人。

而多样性事件与城市记忆的关系类似于人类语言发展的过程，多样性事件就像词汇一样，不断叠加，才形成了每个城市和地区不同特色的方言，而将这些词汇单独提取出来，也会让人直接与某个城市关联。从某种程度上讲，一个城市的历史就是一连串事件形成的记忆，是由相似的集体记忆交织着不同的个人记忆而形成的城市记忆。因此，事件是点燃城市记忆的火种，也是保护城市记忆的关键。将城市记忆看作多样性事件的积累有助于把握城市文脉，也是塑造城市游憩中心地特色的最好标签。而事件大多以空间形式被记录下来，例如传统街区、历史建筑、自然山水格局等都是城市记忆的载体。可以说，人们通过多样性事件认知城市，而场所为这种感知提供了空间载体。当城市的记忆被某种载体所唤醒时，其历史得以"再现"，文脉得以延续。因此，将房车营地作为多样性事件的空间再现，不仅可以开拓房车营地营建的视野,还能使房车营地具有叙事性特征,同时可以实现城市记忆保护的作用。

而房车营地基于多样性事件的重释策略主要是从多样性事件发生的空间存续类型这一角度来切入。多样性事件不管是真实发生过的还是民间传说都与空间载体密不可分,如梅兰芳酷爱北京香山,并在一巨石刻下"梅"字的故事;还有以西湖为故事背景的"白蛇传",虽然是神话故事,但人尽皆知,成了西湖景区乃至杭州的旅游标签。虽然一个是真实发生过的名人事件,一个是非真实发生过的神话故事,但都与空间载体相关联,香山与巨石、断桥与雷峰塔都成了事件的实体要素。而还有一类多样性事件指向某一空间,但空间因某种原因而存在争议或不复存在,如老子、庄子等一些名人故里的具体所在地就存在争议。但不管是有明确空间载体的多样性事件,还是模糊空间指向的多样性事件,房车营地在作为事件重释的空间媒介时都应从两方面来把握:重置事件的历史坐标和提取事件可识别性元素。

通常事件的发生都是在某一相对确定的时空范围内,将这一事件坐标对应到历史的坐标系中,就会找到与事件发生时代相对应的空间范式。而后提取重要的事件元素或人物标签,将事件最核心和最易于辨识的元素与房车营地相结合。用房车营地重新诠释城市多样性事件成为可能。例如,小说《白鹿原》就是以陕西省西安市白鹿原为背景的多样性事件,该小说具有很强的影响力,成了这一地区标志性的事件。白鹿原古已有之,但故事发生地白鹿村是作者虚构的,白鹿原按现在的地理位置来看非常大,地跨西安市长安区、灞桥区、蓝田县,于是在这一区域范围内分散着以白鹿原小说为主题的几个景区。白鹿之隐温泉房车营地就位于白鹿仓景区内,挖掘白鹿原深厚的文学内涵,定位事件坐标所指向的空间范式——20世纪80年代初的陕西民居(图5-4)。

图5-4 白鹿之隐温泉房车营地

而后提取易识别性空间元素：生活场景中提取石磨盘、牲口槽、门闩、拴马柱、门枕石、灶台等；劳作场景中提取茅草、竹编簸箕等，将这些元素运用到房车营地的设计中，完成对这一事件的重新诠释（表5-2）。总之，房车营地对多样性事件的重释，赋予了城市记忆以新的活力。但重释不是简单的重现，需要通过重新思考来诠释——将多样性事件重现与人们所期望的环境相融合的一种创新性的空间。在这一过程中似乎房车营地让渡了其文化价值，但从另一层面看是，在成为多样性事件重释的空间媒介的同时，也实现了文化价值的共享。从这一角度对房车营地进行功能策划，可以为房车营地在城市文脉继承与保护层面拓宽思路。

表 5-2　白鹿之隐温泉房车营地的事件场景重释

事件场景重现	提取可辨识性元素	事件元素在房车营地中的应用	应用在营地的位置
	石磨盘		营位区（围合、开放）
	牲口槽		营地入口、营位区
	门闩		营位区（围合）
	拴马柱门枕石		营位区、游径
	茅草		营位区（围合）
	簸箕		公共区域

三、激发城市活力的公共生活事件回归

　　房车营地除了在作为城市重大事件的触媒和历史多样性事件的重释方面发挥着重要的作用，其对每天都在发生的公共生活和活动的促进作用也不容小觑。公共生活由各种公共性的日常事件所组成，作为人的行为事件中最广的一部分，其对城市活力的激发作用不言而喻。关于公共生活，扬·盖尔（Jan Gehl）提出公共空间中的户外活动可以划分为三种类型：必要活动、自发性活动和社会性活动。必要性活动一般指工作和生活，自发性活动指娱乐消遣活动，而社会性活动指在公共空间中与他人交流或参与的活动。这三类活动对公共空间依赖性最高的是自发性活动，外部环境越优越，产生的自发性活动就会越多，而随之社会性活动频率也会稳步增加。基于房车营地的属性和对城市活力激发的作用，下文将围绕公共生活中的自发性活动和社会性活动展开研究。

　　随着人们的生活节奏变得越来越快，人们的公共生活几乎被挤压得越来越少，公共性交往变得闭塞，城市缺乏活力。而健康、有活力的公共生活应该鼓励公共交往，通过促进社会性和娱乐性活动的开展，就会逐步把先前被忽视而受限制的交往需求激发出来，从而提升城市活力。而这种社会性和娱乐性的公共生活需要通过公共空间来实现。扬·盖尔认为，公共空间具有正效应过程——有活动发生是由于有活动发生；负效应过程——没有活动发生是由于没有活动发生。也就是说，当某一活动开始进行时，就会形成一种聚集效应，人们会有明显的参与倾向，从而影响和激发别的人和事。相反，如果没有活动发生，那么也就不会有其他的连锁效应。而激发公共生活和活动开展的前提是创造适宜的、有益于交流的空间环境。所以说，空间的社会品质比它的物理品质更重要。

　　过去以标准化、简单化和永久化的方式建构城市公共空间的方法已不能完全适应当代社会。随着城市发展和人们需求的变化，要求公共空间应具备多元性、公共性和适度异质性（功能混合），为城市日常公共生活提供更多可能。而房车营地以其丰富的多元的游憩体验、灵活开放的营地边界和与城市生活的适度异质性，可以成为城市公共空间新的发展选择。

　　首先，房车营地可以使更多人使用，并可以逗留更长的时间，这是保证高质量公共生活的前提。简·雅各布斯曾提出，最理想的城市公共空间是那

些随时间而"舞动"的区域，每天早晨、下午、傍晚、深夜，在相同的空间里，常规的交通与活动重复发生。房车营地便可以实现这种"舞动"的空间营造。从国外的经验来看，房车营地在一天的不同时段会组织不同的活动，有些活动是具有连续性的，结合不同时段人们的活动偏好，可以形成一个个让空间随时间持续舞动的场景。如此一来，有效地增加了活动的数量和人们逗留的时间，将这种公共活动作为日常性事件来持续参与，从而增加交往的可能性。

其次，房车营地营造了多样化的接触"面"，由于公共生活综合了不同类型的人群，所以有各种各样活动和交往的需求，房车营地的多元化使人们能相互融合，通过交流和互动，互相启迪和激励，实现将工作、生活在不同建筑中的人因为房车营地而建立关系的目的。而房车营地在提供交往空间的同时，也要为促进交往提供足够的行为支持，提供多元化的服务设施，以满足不同类型的人群的公共生活需求。

以位于巴黎第16区中部，塞纳河畔的巴黎房车营地（Camping de Pairs）为例，全年开放，几分钟便可到达马约门（Porte Maillot）地铁站。营地有着得天独厚的优势区位，紧邻55公顷之大的布洛涅森林公园（Bois de Boulogne），而到达埃菲尔铁塔（Tour Eiffel）、凯旋门（Arc de Triomphe）、巴黎圣母院（Cathédrale Notre Dame de Paris）、大皇宫（Grand Palais）等巴黎地标式历史建筑也十分便利。作为文化艺术之城，博物馆和艺术中心也集中于这一中心区域，如卢浮宫（Musée du Louvre）、蓬皮杜艺术中心（Centre Pompidou）和奥赛博物馆（Muséed'Orsay）等。浪漫巴黎的公园也同样不少，除了紧邻营地的布洛涅森林公园外，还有卢森堡花园（Jardin du Luxembourg）、杜乐丽花园（Jardin des Tuileries）等分布于这一城市游憩中心地。因此，巴黎房车营地不仅成了游客们的热门选择，也有大量的巴黎居民穿行于此。其作为公共生活场所的重要作用不言而喻（图5-5）。

营地作为公共生活的发生地，促进了城市居民和游客的交流，并在不同时间段组织针对不同类型人群的活动。如图5-6所示，这是营地的其中一个公共区域，在工作日中午或周末，营地提供的儿童游乐设施和组织的科普活动不仅为营地游客中的儿童带了特殊的体验，也吸引了当地的儿童一起参与。到了傍晚，营地又有驻唱乐队和丰富的活动为成年人提供交流和休闲娱乐的机会。

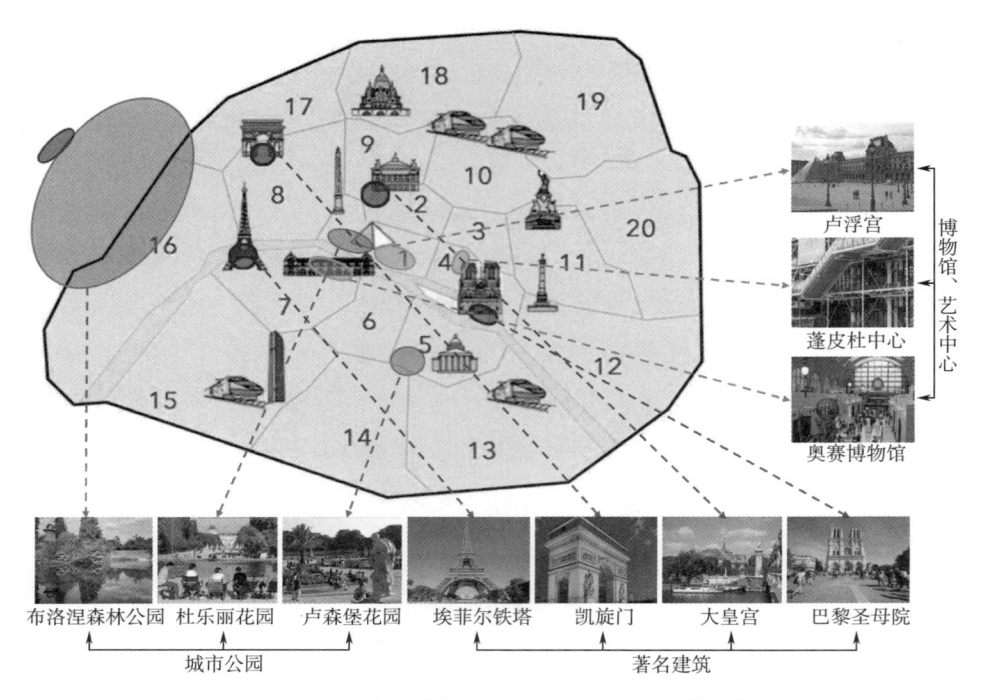

图 5-5　巴黎房车营地（Camping de Pairs）的区位

（a）早晨　　　（b）午间　　　（c）傍晚

图 5-6　巴黎房车营地不同时间段的空间使用情况

综上，房车营地应成为赋予日常生活多重意义的地方，将房车营地作为公共生活的发生地可为观察城市生活和激发城市活力提供新的视角。其强调的是对普通人日常生活的回归，这些平凡甚至是琐碎的日常需要，才是城市活力的源泉。

第三节　让渡共享游憩中心地价值提升的空间结构

让渡共享策略是从城市游憩中心集聚和扩散的演化特征的角度切入，以构建促进城市游憩中心地价值提升的空间结构。其目标是形成向内聚合共享和向外交互拓展，以实现城市中心地内部资源和空间的集约利用，向外加强开放交流，以及对于城市事件的空间环境支持。

一、提升机能协同的空间整合共享

同质性是游憩中心地形成的基本前提，即游憩中心地内部具有某种共性化的属性，因而产生集聚效应，而集聚是城市游憩中心地演化的特征之一。由前文的分析可知，城市游憩中心地是通过不断的集聚——扩散而逐渐演化而成的，没有一个游憩中心地与几十年前初建时完全一样，这里就存在一个开发时序的问题：不断有新的游憩项目加入，对生活服务和基础设施建设也在不断升级。而很多新游憩项目有相关配套的服务建设，或城市游憩中心地原有的配套服务无法满足新游憩项目的需求。因此，就形成了城市游憩中心地呈现出多核的网络结构，每个单核就是一个游憩组团，具有独立和相对完整的功能形式和各自的影响范围。其结构一般是由特色游憩活动、生活配套和基础设施服务组成。这种多核结构也成了房车营地在我国游憩中心地建设的普遍空间结构，但这导致一些重复建设和封闭固化的情况。因此，应思考房车营地如何在城市游憩中心地的系统内实现最大化的互利效应，使系统内资源共享，通过空间的整合实现资源的集约利用，从而发挥集体优势。

让渡共享就是针对这一传统空间结构整合优化的有效策略。其作用机制是让渡组团中的部分功能或资源到一个区域中，形成空间功能集聚的共享性空间，实现功能强化，资源集约利用的可持续发展模式。根据城市游憩中心地的空间组织结构和资源类型，可大致分为三种让渡共享模式：核心共享、向心共享和毗邻共享（表5-3）。

表 5-3　让渡共享空间模式类型

基本类型	模式图	让渡要素	模式说明
核心共享		不同类型资源	将各游憩组团的不同类型资源让渡于核心吸引物，形成以中心带动组团发展的联动发展模式
向心共享		同类型资源	各组团将同质类型资源向中心让渡，以同类型资源的差异化形成具有竞争力的核心游憩区域，表现为向心聚合的发展模式
毗邻共享		同类型资源 不同类型资源	相邻组团实现近距离的资源共享，没有明显的方向性，主要通过资源的融合以提升拓展和外溢能力，形成局域次中心

（1）核心共享型让渡营建策略。这一营建策略主要针对的是具有明确中心吸引物的城市游憩中心地，如以名胜古迹、著名自然景观或历史建筑为核心发展的游憩中心地。以核心吸引物为中心的空间组织形式通常周围有较多的开放空间和人流聚集，易于形成较为活跃的空间，形成集聚效应。并随着系统的不断演化，表现出灵活的空间转换性和功能复合性。以房车营地为代表的游憩组团让渡部分空间功能于核心吸引物所形成的集聚空间，形成以中心带动游憩组团发展的联动发展模式。

（2）向心共享型让渡营建策略。还有一类城市游憩中心地没有著名的核心吸引物，或核心吸引物是面积较广的海滨或草原等，抑或是经过规划设计建成的度假村、温泉小镇等。因其没有明显的集聚空间，所以房车营地在空间组织时，应将房车营地或各游憩组团的特色游憩项目向一个"中心"让渡，以形成向心的共享集聚空间，表现出向心聚合发展模式。

（3）毗邻共享型让渡营建策略。毗邻让渡共享模式是小范围的资源共享，无明显的方向性，适合大部分已建成的城市游憩中心的共享策略。模式特征是房车营地与毗邻的其他游憩组团的空间和资源的共享，让渡可以是游憩项目，也可以是生活服务或基础设施，取决于毗邻组团的性质，形成局域次中心，主要是通过资源的融合以提升拓展和外溢能力。

房车营地在城市游憩中心地的规划核心实际上是对功能和资源的重建和重组，借由让渡来实现良性共振增益，推动城市游憩中心地的价值提升和资源集约利用。这种空间让渡模式不仅对房车营地在城市游憩中心地的可持续发展建设具有重要意义，也对以房车营地为代表的新兴游憩组团在城市游憩中心地的营建有一定的借鉴意义。

二、促进多元融合的空间交互拓展

"交互"一词原指人与人的交流互动，是相互作用、相互影响和相互制约的意思。有学者将建筑的广义交互定义为事件与空间、场所与人、人与人之间的互动性以及建筑之间的互动性之和。由前文可知扩散性是城市游憩中心地演化的基本动力，这使城市游憩中心地具有高度的适应性与灵活性，房车营地在城市游憩中心地的营建也应根据游憩中心地的发展和周边环境的改变迅速做出调整，从而保持与整个游憩中心地系统的稳定与协调。

交互包括空间渗透、空间融合，继而实现空间拓展和共享。空间的交互拓展既包含房车营地与游憩中心地内部各组团的交互，也包括房车营地与游憩中心地外部空间环境的交互。首先，游憩地规划以组景审美为依据转向以游憩活动组合为依据已是大势所趋。游憩活动组合主要建立在两个关系的基础上：一是游憩活动与环境设施的关系，二是游憩活动之间的相互关系。因此，房车营地与城市游憩中心地的交互应消解原有界限，加以新的综合，营造新的复合空间。要素之间的交互给城市游憩中心地带来了多层次的空间联系。其次，空间渗透增加了营地的公共性，很多城市的游憩中心地也是交通枢纽，空间的渗透解决的复杂的交通问题，可营造促进交流的互动氛围。空间渗透还包括与周边社区的空间渗透，前文中对城市公共生活交往的回归就需要房车营地与社区形成开放的空间渗透格局，带给城市一种自下而上的秩序感，这种自下而上的空间联系正是一种交互的过程。房车营地与周边环境的相互渗透的同时又相互适应，就会形成融合的城市环境。

以美国南加州圣地亚哥房车营地（San Diego Metro）为例，营地距离圣地亚哥市中心仅20分钟车程，距离圣地亚哥动物园、乐高乐园、中途岛号航母博物馆都非常便利，是具有优越区位的城市游憩中心地。营地紧邻居民区，因此可营造开放共享的营地空间，营地的商业区和公共服务设施都与周边社区共享，促进了游客与当地居民的交流互动和空间的交互拓展，也实现了周边居民公共交流生活的回归（图5-7）。

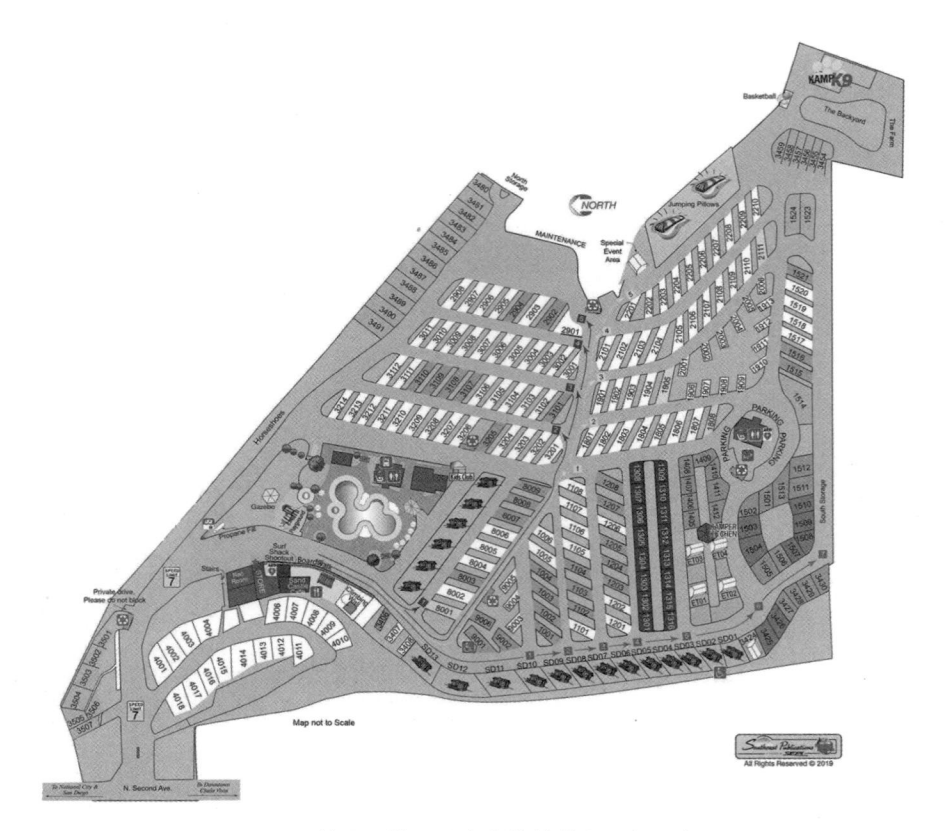

图5-7　美国圣地亚哥房车营地的交互拓展布局

三、支持城市事件的空间弹性适配

纵观城市事件的发生，一些城市事件如音乐节、艺术节等会每年固定在一个城市举办，形成了一定的连续性。而随着这些节事活动的发展，其知名度和影响范围越来越广，参与的人数不断攀升，人们的需求也在不断变化。例如，十年前人们参加音乐节都是自驾前往，相对比较小众，音乐节时间也较短，大部分参与者都是当天往返。但随着人们对文化生活的需求越来越高，参与者的年龄跨度越来越大，对空间环境和功能的需求也呈多样化趋势。而节事活动影响力的提升，使活动的时长也逐渐增长，从最初的一天延长到现在有一周的时间，而这也无形中带动了举办地周围其他游憩活动及服务设施的发展。

因此，房车营地适配城市事件的建设策略主要有以下几点：首先，房车营地的界面应该是开放的，既便于城市事件的扩容，也有利于城市游憩中心地其他游憩组团的联动发展。其次，房车营地内的布局应是易于动态调整的，可以根据不同性质的城市事件或不同事件的同一城市事件需求的变化而做相应的调整。最后，应加强建设和升级房车营地内的基础设施，并丰富营地内的游憩体验设施，以满足不同年龄层次参与者的需求。

以丹麦罗斯基勒营地为例，自 1971 年起，基本每年在这里都会举办以营地命名的音乐节（Roskilde Festival）。营地得天独厚的地理位置，吸引了来自德国、瑞典、挪威和波兰等国家的乐迷。每年 6 月底 7 月初的音乐节期间，会有超过 10 万人聚集于此，因此成为北欧最大的音乐节。由于人数的众多和需求的变化，营地每年都会根据前一年的用地情况和节前的演出票预售以及营位预定情况来调整营地空间布局。以 2018 年和 2019 年为例，营地在表演区、帐篷区、房车区和自驾停车区都做了相应调整，以适应每一次的音乐节的参与者需求（图 5-8）。

因此，房车营地的发展应既与过去相关又与未来相关，是动态发展的建设过程。通过对城市事件空间的适宜配置，不仅可促进城市发展、提升游憩中心地价值，也可不断塑造房车营地自身的形象，整合优化空间结构，提升发展潜力。

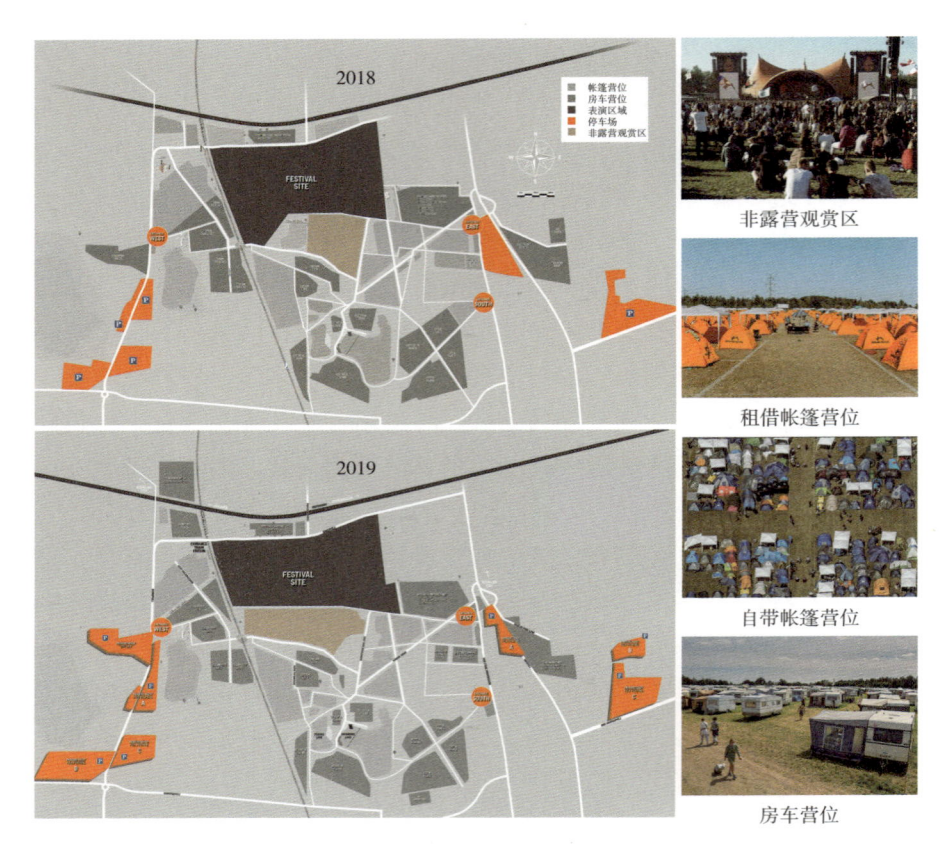

图 5-8　丹麦罗斯基勒音乐节营位布局（2018 年和 2019 年）

第四节　让渡共享促进游憩者体验升级的空间营造

派恩（Pine）和吉尔摩（Gilmore）创造了"体验经济"一词，并认为当今的消费市场已经从服务经济变成体验经济。若要赚取利润，必须为游客提供一段难忘的体验，而不是游客一有需求，就尽可能提供廉价的服务。换句话说，主导权由游客掌握，他们渴望特别的体验。而规划设计者不再是利益的提供者，而是召唤情景的布景师。游憩体验实际上是一种连续性的空间移动过程，游憩体验的升级应强化房车营地空间体验的动态性和意象性。

一、强化游客感知体验的空间意象创构

在解释游客行为方面，感知价值处于人类行为决策的顶层，是影响个体态度和行为的重要概念。研究发现，感知度越高的人，其满意度和重游意愿越高。因此，感知价值对游客的行为有正向影响。而感知价值是通过感知体验来实现的，感知体验的过程实际上是对环境的认知、识别，并形成理解和印象的过程。

人的感知大致分为三个体验层级。第一层级：直觉体验。是基于个体知识结构和认知模式对场所的图像的图像化处理，形成初步印象，这个映像会直接作用于大脑感觉器官，产生知觉意象。这种体验往往是即刻反应，有感而发的。第二层级：审美体验。知觉意象形成后会通过个体主观思维进行转化，形成可读语言，即感知后重构而产生的生活意象，使人产生更高级别的感知体验。第三层级：精神体验。建立在参与场所活动的基础上，通过对不同场景和意象的组合、信息的传递，感受到超越经验意识的场所意象的内涵，并深刻感受到深层的情感记忆。这个感知体验实际上是经由符号构建的，游览的过程实际上是收集符号的过程。人们通常会被一些场所的特质所吸引，原因是这些特质与日常生活的差异性会使人的感知变得更加敏锐。而后，人们会根据自己的偏好来筛选符合审美需求的符号，最后通过主动或被动的参与形成深层记忆。例如，当人们来到江南水乡，首先会收集"小桥""流水""人家"等异质性符号，其次将这些符号经由思维的转化形成"诗意江南"的审美感知，最后泛舟水上或住于枕水民居中来形成情感记忆。因此，一个让人印象深刻的房车营地一定是具有较高可意象性、可识别度的，并且具有营造记忆的空间。

（一）提升房车营地识别度的空间策略

凯文·林奇认为，城市意象是观察者与所处环境双向作用的结果，城市意象可包括个性、结构和意蕴三部分：个性是指某一环境要素在整体环境中具有唯一性，也就是与周围其他环境的可区别性和作为一个独立个体的可识别性；结构是指空间或形态的关联度，即结构性环境意象，如巴黎"轴线放射"形态的城市空间形态在人们大脑中形成了富有意义的结构性意象，这种

结构性意象使空间整体上具有较强的可识别性；意蕴是指在空间的文化印记和故事情节更容易使人产生共鸣，进而达到深层次的文化意象。以这三个特征来营造识别度高的房车营地对于提升游客感知体验有重要作用。以江苏常州茅山宝盛园房车营地为例，营地坐落于宝盛园旅游度假区内，度假区内建有自然博物馆、艺术博物馆、赏石茶艺博物馆、盆景博物馆等，同时还有各种游乐设施和主体活动。在这样一个游憩中心地中，房车营地的可识别性就变得非常重要，营地以茶为主体，将星空泡泡帐篷和茶田帐篷屋布局于茶田内，形成一种独特的意蕴，而且星空帐篷和房车本身就具有很强的可识别性（图 5-9）。

图 5-9　高识别度的常州茅山宝盛园房车营地

（二）营造生活情境空间

生活情境空间是一种特色空间，从本质上来讲就是一种可意象、互动性较强的空间环境，一般代表了一个地区的个性空间，但又具体作用于人。例如，北京的四合院和胡同、上海的骑楼和弄堂等，当人们置身于其中，往往能从其间的标志性建筑、独特的空间环境等获得一种带有地方特色的空间体验感。这种独特的体验感对不同生活环境的游客有很强的吸引力。事实上，由于城市化的发展，那些记忆中的四合院和骑楼已经被高楼大厦所代替，人们渴望重温这种因空间而触动的生命体验，因此营造生活情境空间对本地居民也有着很强的吸引力。以福建牧家旗山房车度假营为例，营地设计采用福建典型民居形态，形成了一种生活情境空间（图 5-10）。

图 5-10　牧家旗山房车度假营的生活情境营造

二、优化游客空间行为的交通组织

虽然营造强化游客感知体验的房车营地空间非常重要，但对首次前往的游客产生的吸引力可能更大，重复造访则需要针对游客的行为模式和偏好来组织空间环境。对于游客来说，游憩中心地内的多元化游憩和景观节点组合的吸引力甚至超过了中心吸引物的作用。这似乎是违反常识的，因为人们总是将游憩重点放在单个中心节点上，但这种惯常思维更符合传统观光游的特点，而随着旅游方式向休闲娱乐转变，游客在单地的停留时间更短，这就意味着单一的景观节点已经无法满足人们日益多元化的游憩需要，所以就需要丰富的游憩形式组合。而游客的空间行为模式为城市游憩中心地的空间组织提供了重要的研究视角，对交通结构、新景观规划和设计游憩路线等具有重要意义，而优化了的空间组织也可以反过来指导或影响游客的空间行为的形成。

卢（Lew）和麦克尔彻（Mckercher）将影响游客空间行为的目的地因素（住宿位置、景点分布、交通组织等）与旅游动机和目的地了解程度等游客因素结合分析。将游客行为轨迹简化成线性空间行为模型，反映的是目的地空间结构对空间行为的影响。主要分为：点对点（point-to-point）模式、环状（circular）模式和复杂（complex）模式（图 5-11）。

点对点模式是沿着相同的路径往返于住宿点，环状模式通常是沿着不同路径往返于住宿点，而复杂模式由点对点和环状组合而成的，往返的形式也更复杂。值得注意的是，这三类模式都与距离的远近无关。使用房车营地的游客的行为路径属于中心辐射模式，因为营地游客通常有更多的时间和意愿

点对点模式　　　　环状模式　　　　复杂模式

单一点对点　　　　回环　　　　随机探索

重复点对点

游览点对点　　　　茎瓣环　　　　中心辐射

◆ 住宿点　　● 景点或停止点

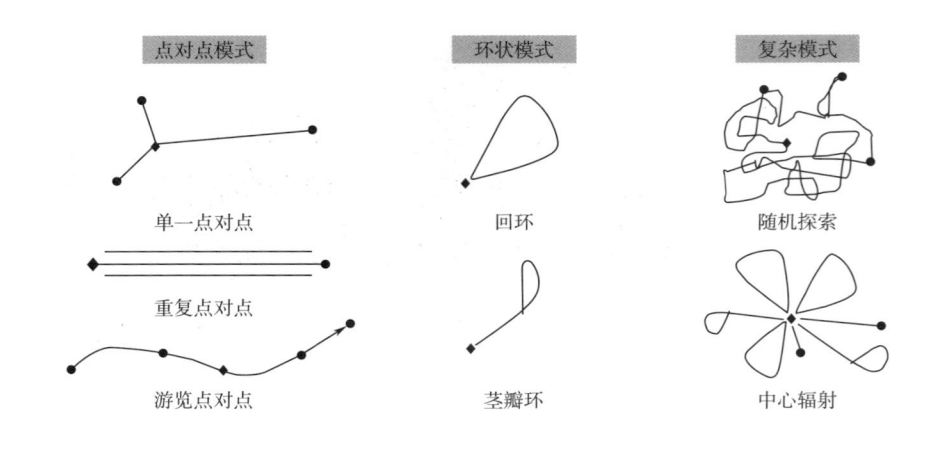

图 5-11　旅游目的地游客行为的路径类型

在营地周围游览和探索，因此会表现为以营地为中心向周边辐射的点对点、环状横式，甚至会有一个或多个随机探索。辐射模式的复杂性取决于在营地的停留时间、空间组织和距离的可达性。

以大连金石滩黄金海岸房车营地为例，营地位于金石滩国家旅游度假区（5A 级景区）内，十里黄金海岸西侧。西倚金狐山，北临汇溪湖，步行可达发现王国主题公园和希尔顿酒店以及金石国际会议中心。一些特色游憩项目如沙滩泳池、直升机体验和摄影基地也近在咫尺，并且周围餐饮、购物等服务齐备，是典型的城市游憩中心地型房车营地（图 5-12）。根据观察，游客在房车营地会停留 1~3 天，根据天数的不同，游客会表现出不同程度的行为路径。一般停留 1 天的游客以房车营地为中心向外辐射，路径模式为点对点模式，游览的都是营地附近的景点，如汇溪湖、摄影基地和直升机停机坪等步行 10 分钟可达的景观节点。而在营地停留 2~3 天的游客路径模式基本是环状模式，会探索更大范围、耗时更多的景观节点，如金狐山、发现王国等，区别是金狐山步行可达，路径呈回环状，而发现王国相对较远，需要辅助交通工具到达，呈茎瓣环状。而 3 天及以上在房车营地停留的游客路径模式则更加复杂，会根据偏好选择再次去到已游览的景观节点，或随机探索周边非景点区域，且更倾向于餐饮、休闲等服务较为成熟的节点，如希尔顿酒店和金石国际会议中心。

因此，针对游客以房车营地为中心表现出的中心路径行为模式特征，主

图 5-12　大连金石滩黄金海岸房车营地周边游憩场所

要是交通结构优化的策略。在了解了游客的偏好和行为路径以及影响这些路径的因素之后，可以更好地协调和优化交通结构。游客个体的交通行为一般分为步行和车行。在优化车行系统，提高可达性的同时，应营造以步行为主的交通方式。因为在步行的过程中有更多选择购物、娱乐、休闲等体验的可能性，可以引导游客产生派生行为。一方面，游客可以灵活地根据喜好和兴趣调整行程安排；另一方面，也可以给沿途的其他游憩项目或商业活动带来更多的机遇；良好的步行环境还能整合游憩中心地内的基础设施和景观环境，发挥整体效应。

同时，还应该增加交通路线的体验性，将城市游憩中心地内连接各景观或游憩节点的交通路线作为移动性的空间体验，使游客能在移动的过程中也能感受到视觉的愉悦。例如，提升道路两侧的景观布置，或利用新颖而多样化的交通工具，使交通成为游憩活动的一种；抑或将各节点空间界面开放或半开放，游客在乘车、步行或使用其他交通工具时，可以丰富视觉感受。

三、细化游客时间行为的空间营造

时空间行为是基于个体、基于行为来解读与优化空间结构的重要途径，强调捕捉日常生活中的人与事物的地方性，表达特定时空情境中"在场"和"不在场"事物之间的关联性和整体性。时空间行为是在空间行为研究的基础上引入时间要素，了解游客的时空行为对于房车营地的空间组织和基础设施提升、产品开发以及管理旅游资源都具有重要意义，可以为房车营地在城市游憩中心地的营建提供策略依据。

对游客时空行为的研究,主要是对游客在房车营地内的活动进行观测。还是以大连金石滩黄金海岸房车营地为例,营地内现有拖挂型房车 15 辆,自行式房车营位 10 个,移动木屋 10 栋,可容纳 100 辆房车和自驾车,营位相对整齐规律,呈均匀直线型布局。营地内还有沙滩排球、足球场和泳池等沙滩娱乐项目,以及一家饭店、一家超市(图 5-13)。

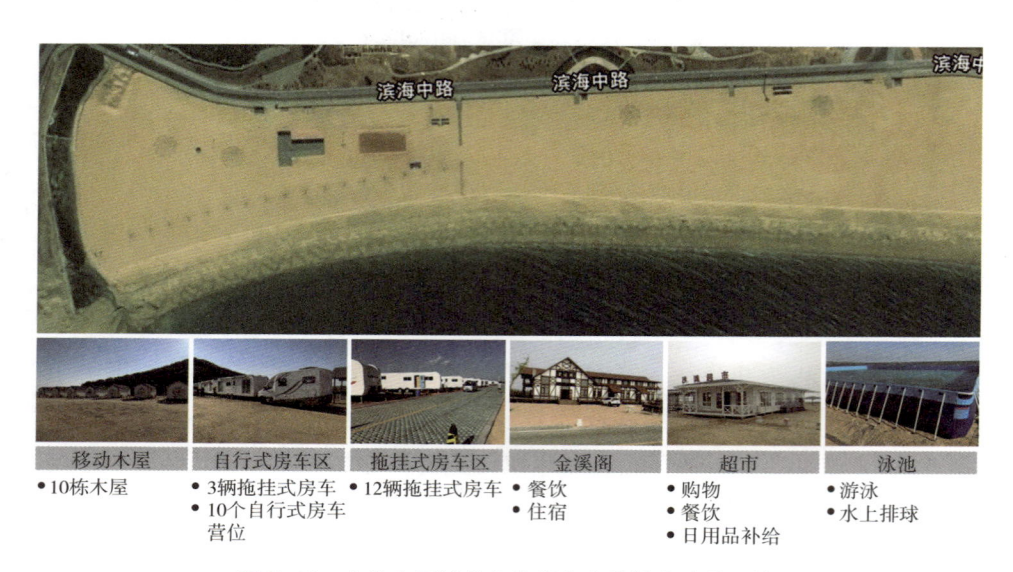

图 5-13 大连金石滩黄金海岸房车营地内游憩设施

移动木屋
- 10栋木屋

自行式房车区
- 3辆拖挂式房车
- 10个自行式房车营位

拖挂式房车区
- 12辆拖挂式房车

金溪阁
- 餐饮
- 住宿

超市
- 购物
- 餐饮
- 日用品补给

泳池
- 游泳
- 水上排球

大连金石滩黄金海岸房车营地依山傍海而建,游客量的季节性明显,一般从 7 月开始进入旅游旺季,一直持续至 10 月,且节假日游客量明显高于工作日。因此,在预调研的基础上,为了使调研观测数据更为客观和准确,选取 2019 年 7 月 20 日、21 日(19 日大连沙滩文化节开幕)、27 日、28 日,8 月 3 日、4 日、10 日、11 日连续四个周末进行观测。选择 8:00~20:00 时间段为调研时间,以 30 分钟为一计数周期。而后对 8 天的数据进行加权平均计算,观测结果如图 5-15 所示。从观测结果可以看出,营地内的空间使用有明显的规律性,营位区早晚人数较多,中午由于天气炎热,不适宜户外活动,因此营位区人数也相对较多。与营位区使用规律相反的是海上活动区和沙滩活动区,因户外活动受气温影响较大,且海滨遮挡物较少,因而海上活动和沙滩活动多集中于 9:00~12:00 和 15:00~19:00,而饭店和超市除了中午和晚上的就餐时间外,多表现为少数游客的随机性。而离开营地到周边景点游览的游客较平均，一般 9:00 出营地，18:00 返回营地（图 5-14）。

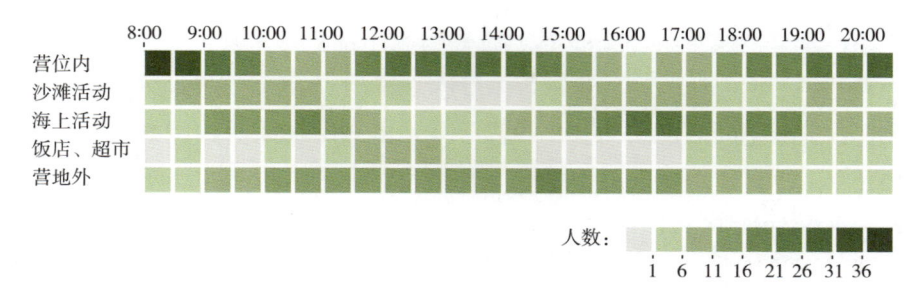

图 5-14 对黄金海岸房车营地内游客时空行为的观测结果

根据游客时空行为特征可以将房车营地空间营造的策略分为两个层面：空间优化和功能复合、空间分时。

（一）空间优化和功能复合

对游客时空行为的观测结果表明，空间存在时间上的聚集或空置，这就需要将游憩地的产品进行组合，特别是空间和功能的混合与联系，即空间的复合度对一个游憩地的吸引力有着重要影响。空间的复合通过同时将多种互补功能或活动复合于一个空间内，构建立体、分层的空间形式，从而实现空间的高效使用。类似于将空间折叠和展开的过程，每个空间都有多种功能，当一种功能占主导时，其他附属功能可以"折叠隐藏"。例如，营地内的饭店和超市在上午和下午的闲时阶段可以组织一些有趣味性的活动以吸引游客，使营地的每一个空间都有多功能性。因此，通过对游客空间行为的观测，重新组织各功能区布局，可以提高游客对空间使用的满意度。

（二）空间分时

分时性表现为时间维度上的交错使用，即通过时间转换的方式，对空间分时段使用，也能促进空间的灵活与高效使用。空间的分时策略可以让游客在不同的时间使用同一区域。这种营建策略起主导作用的正是不同游客群体的时空行为差异。根据调研，老年人更喜欢在营位附近或餐厅、超市等服务性区域活动；儿童则更多地使用沙滩活动等游憩区域，同时需要家长陪同，因此中青年人与儿童空间行为基本相似；而以朋友、伙伴等组织出游的群体则更倾向于海上活动或营地外的其他娱乐区域。不同的人群不仅对营地空间的使用方式不同，使用时间也有着不小的差异。因此，可以赋予同一空间在不同时间段以不同的使用定义。

以西班牙拉斯邓期（Bungalow Park Las Dunas）房车营地为例，由于其坐落于赫罗纳的滨海花园内，营地营位多达 4000 个，紧凑整齐排列，游憩需求较大，因此对空间的利用率要求极高。营地的餐厅还兼具休闲娱乐和科教的作用，在上午时段组织寓教于乐的儿童活动，下午时段则组织中老年人观看球赛和电影，在晚餐后的时段组织青年人的音乐活动（图 5-15）。分时利用使空间得到灵活高效的运用，对在城市游憩中心地用地相对紧张的房车营地建设具有重要的意义。

（a）上午的儿童活动　　（b）下午的中老年活动　　（c）晚间的青年活动

图 5-15　同一营地空间的分时使用策略

本章小结

城市游憩中心地因旅游资源的集中而竞争越发激烈，房车营地作为新兴的游憩产业想要具有突出的竞争力，就应将视野扩展至城市发展的层面。而对城市事件的触发给房车营地创造了发展机遇，在提升城市认知度、保护城市记忆和创造城市公共生活的同时，房车营地也提升了基础设施建设，获取了地方文化符号和公众认知度。而在城市游憩中心地的发展层面来看，传统城市游憩中心地的各游憩空间之间相对封闭固化，流线直接单一，且空间功能和设施水平都相对成熟。因此，房车营地的建构就不能局限于满足主观空间功能，而应将协同共享发展作为营建原则和目标，将让渡共享作为实现路径，以此组织房车营地在城市游憩中心地的空间结构，从而实现资源的集约利用和可持续发展。

房车营地的让渡共享策略的意义在于：以促进城市发展的角度提升公众对房车营地的认知度；打破传统城市游憩中心地各游憩项目之间的固化和封闭状态，以共享寻求合作发展机会，通过资源集约利用，以实现价值的最大化；从游憩者感知角度自下而上地营造房车营地空间环境，使满意度和重游意愿更高，从而提升房车营地的持续竞争力。

第六章

房车营地与生态敏感区的调适共享营建策略

人类活动对自然的改变是必然的，因此营建的策略不是阻止改变的发生，而是致力于避免不利的改变。而判断一个改变的影响是否有益，一个重要的标准就是这个改变是否倾向于自我限制，因为通常没有自我限制能力的影响对自然的破坏力更强。但自我限制并不是限制游憩使用，而是在游憩机会与自然保护之间寻求最佳平衡点。就像著名生态学家奥尔多·利奥波德（Aldo Leopold）说的：" 我们所做的并不是对某一个或某一类资源负责，而是对整个生态系统负责。" 因此，对生态敏感区的开发建设涵盖了生态、经济和社会的成果。

第一节　调适共享与生态敏感区型房车营地营建的适应性

生态敏感区（ecological sensitive area）因其区域生态环境的敏感特性而成为极易出现生态问题的地区，因此生态敏感区也成了区域生态环境保护和生态系统可持续发展的核心地区。由于自然资源的复杂性，因此生态敏感区的划分也没有统一的标准，我国学者从不同的角度对生态敏感区进行了分类。李团胜等认为，生态敏感区包括河流水系、滨水地区、山丘土丘、山峰海滩、特殊或稀有植物群落、部分野生动物栖息地等。达良俊等（2004）按生态敏感区所具有的功能属性及对周边的影响作用，将其划分为五种类型：自然保护型、环境改善型、用地控制型、污染控制型、资源储备型。张治华等（2007）基于人地作用将其划分为大气、水、生境、土地、地质五种生态敏感区。基于房车营地与生态敏感区的互动关系，本文援引张治华的分类角度进行分析。

大气环境敏感区主要指酸雨多发区等易造成大气污染的区域；水环境敏感区包括河流、水库、湖泊、海洋、湿地等资源类型；生物环境敏感区包括森林、自然保护区、珍稀动物栖息地等资源类型；土地环境敏感区包括山地、沙漠等资源类型；地质环境敏感区主要指地震断裂带或地面沉降区域、软地基区域等。

一、房车露营与生态敏感区的相互关系

(一) 露营活动对自然生态的影响

以房车营地为核心的游憩活动对生态敏感区的影响分为直接影响和间接影响，大气敏感区影响因素相对较多，是综合作用产生的影响，房车营地对大气敏感区产生的是间接影响，影响的程度较小。而地质敏感区同样受房车露营的影响较小或房车露营的游憩机会较少，这里不做讨论。对另外三种生态敏感区类型产生的是直接影响，影响表现为对生态的冲击和改善。因此，房车营地在生态敏感区的建设应首先厘清房车活动的有利和不利影响，着重建立减少和避免不利影响的营建策略。在对已建成营地进行分析发现，房车露营及相关游憩活动对生态敏感区域所产生的影响主要表现为对四种自然要素的冲击：土壤、植被、野生动物和水资源。

(1) 土壤。房车露营对土壤的冲击表现为践踏和汽车轮胎的碾压，冲击结果表现为对地表有机质的破坏和土壤的压实。土壤表面的枯落物被清除，切断了有机物的来源，使得有机质减少。而土壤的压实会导致雨水渗透率低、水土流失，从而引发土壤侵蚀。但也存在另一种情况，地表的有机质通过践踏和碾压粉碎化，通过水的渗透加速了土壤的吸收；而对于砂质土壤，压实反而会增加土地的稳定性，提高土壤的持水能力，在这种情况下露营及进行相关游憩活动对土壤是有益的。因此，房车营地对土壤的影响既有利又有弊。

(2) 植被。房车露营对植被的冲击主要表现为折断、践踏和碾压等直接影响，以及土壤变化所带来的间接影响。冲击的结果表现为植被覆盖率的下降和生长速度的减慢，大多数植被都呈现一个垂直的结构，分别是地被层、灌木层和乔木层，而房车营地影响最大的是地被层和灌木层，由于这类植物相对较矮，所以更容易受到影响，土壤的压实使植物在生长环境中缺少水分和养分的供给，使植物覆盖率降低，但同时通过竞争，那些抵抗力较强或繁殖速度快的外来物种会取代脆弱的本地物种。研究发现，那些使用程度很高的营地物种丰富度会下降，而中度或轻度使用的营地，物种的丰富度却可以达到最大化。

(3) 水。房车露营对水体的冲击主要来自亲水活动和人类排泄物带来的污染。亲水活动如涉水、划船、垂钓等都会对水体产生干扰，加速水体营养

化进程，致使水生植物生长速度过快，悬浮物增多，水体变得浑浊。水体的污染主要来自人类的排泄物中的病菌，在那些没有配备基础设施和基础设施较差的营地，这种污染的情况更加严重。有研究发现，当水体处于温度较高、流速较低的状态时，亲水活动对水的影响最大。另一个重要影响因素是，当亲水活动在空间和时间比较集中的时候对水体的影响最大，一旦游憩者离开这个区域，固体悬浮物水平就几乎可以下降到没有被干扰前的水平。

（4）野生动物。房车露营对野生动物的冲击分为选择性和非选择性，选择性的影响主要来自与露营相关的游憩活动带来的干扰，如垂钓、科学采集等，通常限定于特定物种。而非选择性影响指游憩者在露营过程中随机遇到的野生动物所造成的干扰。这些干扰也可以说是人类活动对野生动物的直接影响，而土壤、植被、水体的改变会使野生动物的栖息地产生变化，即人类游憩活动的间接影响。研究发现，通常对干扰最敏感的地方都是某些关键的节点，如繁殖区、觅食地和水源地等。因而，在房车营地的选址问题上应尽量与这些区域保持安全距离。还有研究发现，游径、营地和池塘的建造为生态交错带物种创造了新的栖息地（图6-1）。

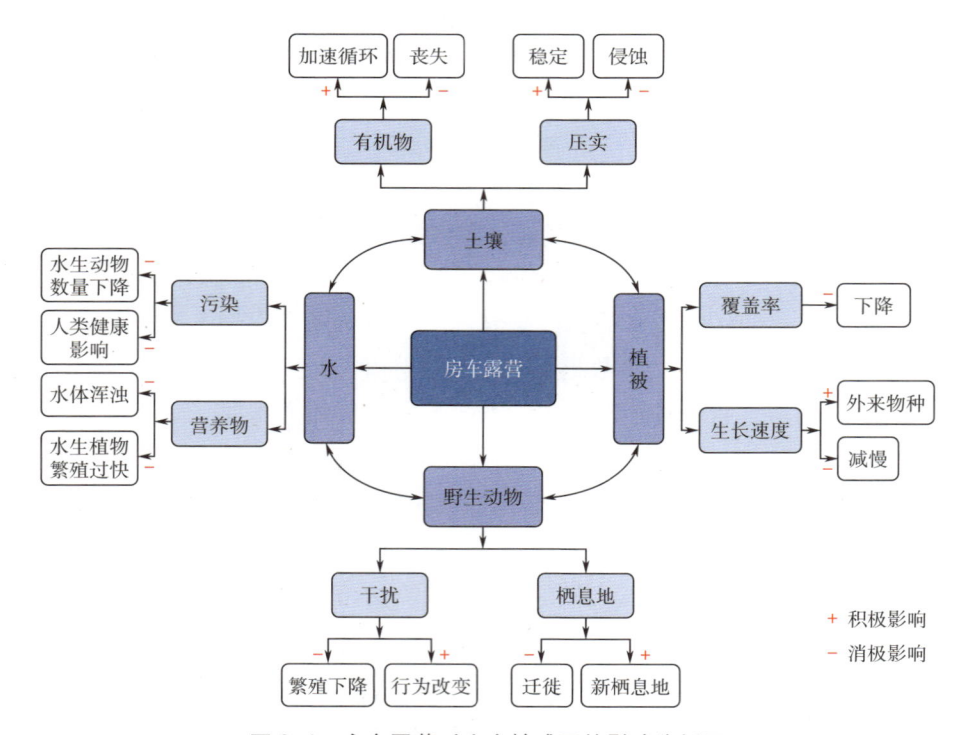

图6-1 房车露营对生态敏感区的影响分析图

(二) 自然环境对房车营地的影响

除了房车露营活动对自然生态系统的冲击影响外,自然环境同样对房车营地有一定影响。对已建成营地的研究发现,环境对营地的影响主要来自气候变化所带来的影响,通常表现为随着季节变化而产生的径流量变化、极端气候(主要指洪涝灾害)等。

(1) 径流。径流主要是指降雨及冰雪融水沿地表或地下流动的水流。在雨季和季节性融雪时径流量倍增,而通常生态敏感区没有城市排水系统的高效,因此很容易产生积水,加之水流中含有的固体物质(泥沙)以及可能含有的化学物质(酸雨),如若长期积存于地表和地下,对房车营地的地面会有一定的侵蚀,也不利于游憩活动的开展。

(2) 洪涝。洪涝主要是指极端天气产生的持续大雨或暴雨,使地势低洼或沿河区域淹没、渍水的现象。气候变化的不确定性带来了暴雨洪水频发、洪峰洪量加大等风险,导致雨季洪涝频发。由于人们的亲水意愿和近水景观的优美开阔,很多房车营地选择建于沿河区域,这就面临着洪涝的威胁,甚至会对露营者的人身财产安全造成威胁。如图6-2所示,是位于德国莱茵河畔的马里诺特(Marienort)房车营地,因为雨季的连续极端天气造成莱茵河的水位上涨,从而导致房车营地被洪水侵蚀甚至淹没,对房车营地和露营者都造成极大的困扰。

图6-2 洪泛区对房车营地造成的影响

总之,自然环境与人类之间的相互影响既是地区问题又是全球问题,每个区域既有共同需要面对和解决的环境问题,又有不同的地方环境特征。因此,这里讨论的是基于广义的人类露营活动对自然的影响和自然环境对人类露营活动的制约。以下研究策略也都是从这一角度进行研究和分析,从建筑学的角度来构建房车营地在生态敏感区的营建策略。

二、房车营地在生态敏感区营建的策略目标

调适共享策略是基于在保护生态环境与资源有效利用寻求平衡的目标下形成的策略，主要从房车露营可能对生态环境产生的冲击影响和自然环境对房车露营的限制和威胁的角度入手，并结合前文对调适共享策略机制的剖析，将房车营地在生态敏感区的具体共享策略目标归纳如下。

（一）调适房车露营对生态敏感区的冲击影响

从房车营地的空间格局和时间格局发展变化，以及对露营者行为规律进行研究，通过合理的组织规划来调适游憩冲击对生态环境的影响。将重点放在维护健康的生态系统和恢复需要修复的或处于危险中的景观上，并从空间组织的层面引导游憩者的行为，以减少影响。

（二）调适自然环境对房车营地的限制和威胁

在提升生态保护措施同时，自然环境对某些地区的房车营地也存在着潜在的威胁。这种威胁主要来自气候所带来的降水、洪涝、低温、风雪等影响。房车营地在敏感区的建设需要思考如何使营地既能够应对突发的洪涝灾害，又能够对生态有裨益的弹性、高效的雨洪管理措施。而在低温风雪地区则需要思考如何既将冰雪作为特色资源来利用，又能减少风雪对游憩活动的限制。

（三）营地的自组织调适

与其他区域的房车营地不同，在生态敏感区建设的房车营地应具备自我调节的能力，因此在规划设计之初就应将营地的自组织能力作为重要的营建目标。营位必须是低能耗的、最小化建设程度、低密度布局，以达到对生态环境影响的最小化。同时，由于生态敏感区的生态恢复特性，营地应在封闭期具备营位的自组织更新能力（图6-3）。

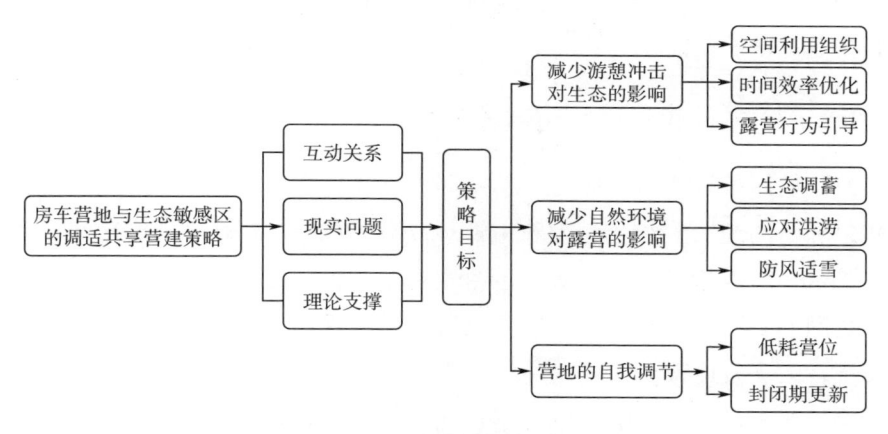

图 6-3　调适共享策略的目标构建

第二节　调适游憩冲击的共享组织规划

随着时间的变化，游憩活动对生态敏感区影响的空间和时间格局都显示出可预测性，游憩者的行为格局分布也表现出明显的特征。因此，对格局的调适可以有效控制游憩活动冲击对生态敏感区的影响。

一、空间利用格局的组织

当游憩活动对自然造成冲击之后，管理者的做法通常是限制使用，但越是接近游憩机会序列的原始底端，直接而生硬的管理越不被接受，往往会产生抵触。人们来到生态敏感区露营，追求的就是不被束缚的自由。但这并不意味着不能通过其他方式来缓解游憩活动对自然资源的压力。研究发现，游憩使用量和对资源的冲击量之间并不是简单的线性关系，减少使用人数并不一定会大幅度降低冲击。游憩者的使用模式、活动路线、停留场所才是影响冲击水平的主要因素。并且游憩者的活动范围是可以预测的，游憩使用最显著的特点就是高度集中性，游憩行为对环境资源的冲击不是随意出现的，而是集中在可预见的空间格局，因此对生态敏感区的空间格局进行有组织的规划是控制冲击的关键。

（一）针对冲击影响的空间格局组织策略

游憩使用最显著的特征之一就是高度的集中性，大多数使用都集中在少量步道和目的地带。曼宁（Manning，1979）称这是游憩使用的"节点和链接"格局。节点指目的地区域，包括主要景观区和露营地；链接是在节点与节点之间的游径。主要景观区域是供人欣赏和保护的区域，通常保持原始自然特征，人工痕迹很少，减少冲击的主要策略是对人数的控制。而主要的冲击影响还是来自人类集中使用的露营地，但设计合理的营地可以将影响降到最低，并使冲击集中于营地区域。虽然营地面积只占生态敏感区的1%或更低，但是却可以减少游憩活动对生态敏感区其他绝大部分区域的影响。麦克尤恩和托赫尔（Mcewen and Tocher，1976）在对已建成的营地的研究中发现，以营地为"核心"的空间格局通常分为冲击区、过渡区和缓冲区（图6-4）。

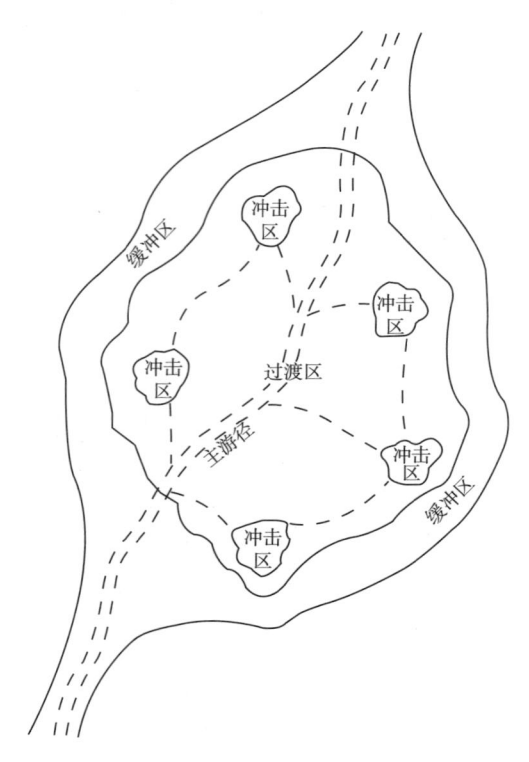

图6-4 营地冲击区、过渡区和缓冲区示意图

冲击区即以房车营地为代表的高密度游憩区域，通常带来的影响是土壤很快退化为坚硬的垫层或人工铺设地面；过渡区为单个的冲击区之间提供隔离，冲击影响大多出现在非正式游径的土壤压实和地面植被覆盖率的减少；缓冲区应是人们欣赏和保护的区域，土壤和植被受人类活动影响并不十分明显。

基于冲击影响的空间格局组织策略，首先要鼓励集中使用冲击区，也就是将游客的大部分时间集中于冲击区，这就要求保持冲击区也就是露营地的持续吸引力和不断更新的基础设施建设。一旦冲击区变得失去价值，那么游客会自行寻找新的露营或休息场所，这种不受控制的空间蔓延反而对生态敏感区的影响更大。其次，应保证冲击区的规模，因为对过渡区的最大威胁来自冲击区的扩张，应在营地建设之初就规划过渡区，并严格控制冲击区的规模，以免过渡区被侵蚀。而保持过渡区不被侵蚀和扩张正是缓冲区的关注重点。因此，形成稳定的空间格局十分重要，是控制游憩冲击影响的关键。

而在这之中，游径是保持冲击区和过渡区稳定的关键，由于游径路面是不可避免受严重冲击的区域，因而在建设之初游径就是经过人工铺设的，重点是尽量发挥游径的作用，通过设置障碍使游憩者的活动尽量在游径范围内。但随着时间变化和在一定的使用量下，游径容易产生宽度增加的问题。因此，对游径的营建策略关键是防止游径扩张所导致的冲击，主要是通过控制房车营地的规模来避免对游径的过度使用，并通过栽种树木、设置栏杆或放置大块岩石等方法，增加跨越游径的难度等，以保持游径周边的自然化。图 6-5 是美国房车营地在防止游径扩张问题的建设措施。

图 6-5　防止游径扩张的建设措施

缓冲区相对于冲击区和过渡区的分布而言，其使用更加分散，因而对缓冲区的游憩冲击影响主要是以限制机动车和营建程度来控制，也就是基于资源敏感性的空间格局组织策略。

（二）基于资源敏感性的空间格局组织策略

人们通常认为休闲娱乐能力是环境或场所的固有价值，因此规划都是在确定用途之后，但对于有极高景观和生态价值的生态敏感区而言，则应该将"环境的最大承载力"的立场改变为"环境可接受多少改变"的立场。实际上不同的使用级别会产生不同的环境后果，也就是说必须确定区域内可接受的变化程度，然后再规划每个区域的功能和建设程度。根据不同等级的敏感度划分不同的建设程度和建设类型，从而确定区域可以容纳与其资源类型相匹配。根据美国蒙大拿（Montana）大学经过多年对生态敏感区的研究，将生态敏感区按景观资源价值和生态资源价值各分为三类（表6-1）。

表6-1 生态敏感区的景观和生态价值分类表

景观资源价值	景观级别	景观特征及建设程度
"A"类	主要景观	高质量的主要风景景观区域
"B"类	次级景观	毗邻"A"类的区域，在此地区发展可能会对主要风景景观产生影响
"C"类	其他景观	可以接受适度干扰的地区，但不能影响"A""B"景观区域
生态敏感性	生态状况	生态特征及恢复措施
"a"类	未发生改变	原始自然生态系统（森林、湿地等）
"b"类	已经发生改变	可以通过限制使用或者封闭期进行恢复的区域
"c"类	已发生重大改变	只有通过人工建设（铺设道路或建筑等）加以利用

由景观和生态资源的6种分类进行组合之后，可以将生态敏感区划分为9个资源区，分别为Aa、Ab、Ac、Ba、Bb、Bc、Ca、Cb、Cc。这9种景观和生态的组合模式又可以划分为四大区域类型，然后就可以确定每个区域环境能接受改变的程度来规划建设。反过来也可以依据这个分类对每种可能的用途或开发程度进行评估，以确定其在某个区域中的存在是否会导致景观或生态类别的降低（图6-6）。

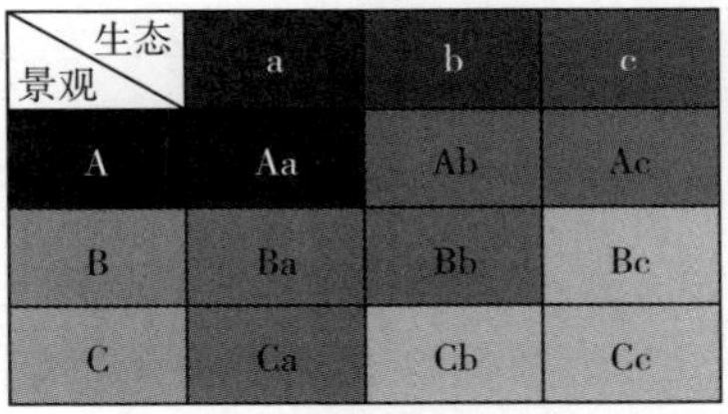

第六章 | 房车营地与生态敏感区的调适共享营建策略　161

生态 景观	a	b	c
A	Aa	Ab	Ac
B	Ba	Bb	Bc
C	Ca	Cb	Cc

图 6-6　生态敏感区景观、生态资源分类图

区域 1：Aa。

此区域是生态敏感区特有的核心景观和生态资源，也是敏感度最高的区域，在这类区域内的开发应该尽可能少，只支持游览和观赏，因此只建设游径和基础设施。

区域 2：Ab、Ba、Ac、Ca、Bb。

此区域在景观和生态方面具有一定程度的敏感性，却是开展游憩活动的最佳场所，但要控制规模和建设程度，尽量不建设永久建筑和大面积地面硬化，因此更适合建设房车营位。值得一提的是 Bb 区，尽管该区域并不是最重要的景观区，但是它与 Aa 区高度相邻，为主要景观和重要生态资源提供缓冲和保护，因此在开发时序上可以放在最后。

区域 3：Bc、Cb、Cc。

这些区域对于维护重要的景观和生态资源并不关键。因此，可以建设包括行车道、停车场、较大型露营地、建筑物等。

表 6-2 总结了每个区域内适合的建设类型和开展的活动，每个区域的用途并非固定不变，但如果将其他区域的用途应用于本区域会增加更多的经济、社会等成本，并有可能使景观和资源受到损害。同样，虽然平坦的、植被稀疏的裸露区域是最经济的开发地区，但是缺乏游憩吸引力，大多数来到生态敏感区的露营者希望寻找的是风景优美、植被丰富、近水并有一定私密度的露营地。因此，并不是说资源和生态价值越低的地方越适合建露营地，应综合考虑。

表 6-2　生态敏感区建设及活动类型表

景观/生态类型	游径	基础设施	房车营地	行车道	建筑
Aa	+	+	0	0	0

续表

景观/生态类型	游径	基础设施	房车营地	行车道	建筑
Ab	+	+	+	0	0
Ac	+	+	+	0	0
Ba	+	+	+	0	0
Bb	++	++	+	0	0
Bc	++	++	++	+	+
Ca	+	+	+	0	0
Cb	++	++	++	++	++
Cc	++	++	++	++	++

注 0：不被允许。
　　+：如果影响可以被最小化或者减轻，则被允许。
　　++：被允许。

因景观价值和生态价值的不同而划分的三大区域，其开发程度和建设模式也存在差异。由于区域1（Aa）的生态高度敏感性和景观的重要价值，不宜有过多的人工建设。而区域2（Ab、Ba、Ac、Ca、Bb）应以小规模的独立房车营位为主，不做大面积地面硬化；区域3（Bc、Cb、Cc）则可以建设综合型的房车营地。

当然，生态敏感区的土地利用分配还要受到具体的资源限制，如植被类型（抵抗力、恢复力）、土壤特性（排水、侵蚀）、是否受有自然灾害的威胁等因素，需要结合具体案例分析。

二、时间效率格局的优化

房车营地对生态敏感区影响的时间格局表现为两个方面：房车营地建设及使用随时间变化所表现出的影响趋势，以及环境受到冲击后的抵抗力和恢复力与时间的关系。

（一）房车营地使用影响趋势

学者们在近50年的研究中发现，房车营地的影响和使用时间的长度之间呈现的是渐进关系而非直线关系。也就是说，营地冲击的最大水平通常发生在使用的最初几年内，之后就会进入平稳期，影响也会趋缓，甚至被维护活动和自然恢复过程所抵消（图6-7）。例如，对良好游径的建设，虽然在很短的时间内就对土壤造成了极大的影响，但是随着时间的推移并没有发生破坏或改变；相反，游径规范了人们的活动范围，对其他土壤和植被是一种保护。因此，应鼓励使用已有营地，对新营地的开发进行适度限制。

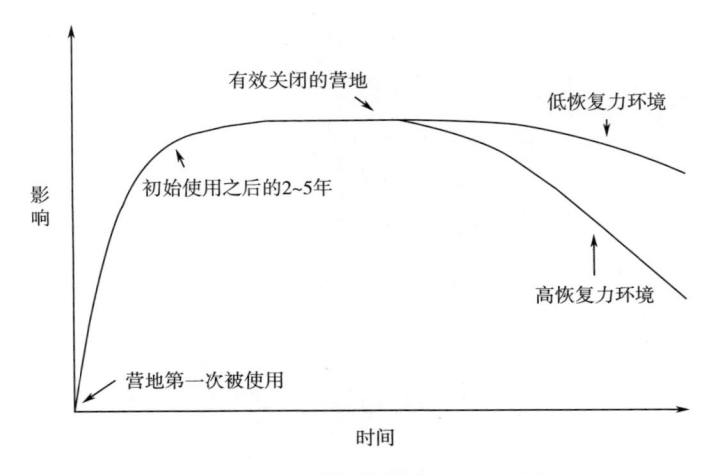

图 6-7　一个典型营地的"生命史"

（二）环境承载力的变化趋势

除了房车营地使用趋势的影响外，环境的抵抗力和恢复力也决定着房车营地对生态敏感区的影响程度。抵抗力指的是场地承受游憩使用而没有发生变化或者被干扰的能力，它要确定的量是场地在影响达到承受临界值时所能够吸收的使用量；而恢复力指的是从已经发生的改变中恢复的能力，它要确定的量是一个场地从某个影响水平恢复至先前未干扰的状态所需要的时间长度。例如，具有较高抵抗力的岩石区、沙漠区具有很强的抵抗力，可以承受大量的露营活动，但一旦发生改变，就将持续很长时间；而一些自然生物较多的森林、河滩等，只要有人类活动就会受到影响，抵抗力很弱，但具有很强的恢复力，只需要几个月的生息繁衍就会恢复。因此，首先要判断冲击是暂时性的还是永久性的。

一个场地的抵抗力和恢复力在很多时候是通过对场地资源要素的特性进行评估的。Cole 和 Monz（2003）发现，以连续3年，每年露营4晚的游憩强度为例，在森林区域，植被覆盖率下降了95%，而在草地区域，覆盖率只损失了20%。因为草地区域有更强的恢复力，而且在通常情况下，植物层次越丰富，其抵抗力越强。

而营地的类型不同对环境承载力的需求也不同。例如，对于一个相对大规模的营地而言，环境的抵抗力比恢复力更为重要，因为它是作为永久使用的场地；而于对相对分散的小规模营地而言，恢复力和抵抗力可能同等重要，因为这些营地的建设目标就是避免对环境的永久性影响。因此，在规划时必须谨慎决策，抵抗力和恢复力的重要程度是根据营地定位而定的。

资源要素的抵抗力和恢复力表现为季节性，在不同的季节存在一定的差异。春季通常是最脆弱的季节，此时土壤水分含量高，很多野生动物物种正在繁殖或从冬眠中复苏。夏秋季游憩使用最多，通常表现出对于干扰的中度敏感水平。冬季是一个低敏感的季节，此时游憩活动也最少。当然也有特殊情况，如沿海地区、沙漠、没有降雪的地区以及那些夏季有暴雨的区域。这些地方最敏感的时期大多是土壤被频繁浸透和野生动物被严重干扰之时。因此，营地应有恢复期或封闭期，以帮助减少破坏及植被恢复。

三、露营者行为格局的引导

传统观念认为使用量是衡量冲击量的重要因素，但研究表明，使用量和冲击量之间并不呈线性关系，因此减少使用并不一定会大幅度降低冲击，冲击影响还与游客群体的规模、使用者的类型、行为和旅行方式有密切关系。

研究发现，大多数使用水平的增加对植被丧失量几乎没有影响，但对丧失的面积有明显的影响。这一结论表明，任何区域的小比例集中和引导使用的价值。大量的研究证明，生态敏感区的游憩者的使用格局呈现集中状态。考虑到在生态敏感区旅行平均持续时间一般是3~4天，游憩者们总是在主要景观节点、营地和游径上集中使用。但随着时间的增加，露营者们就会出现分散的行为格局，"探索"一些未开发的领域。过夜露营者的行为格局一般呈节点化，而日间露营者的行为格局大多呈链式。除此之外，还应限制团体规模。调查表明，相比于小型团体或个人，大型团体的露营活动对其他游憩者和环境所造成的影响更大。大规模群体特别容易导致营地边界的扩张，以满足他们的空间需求。并且与个人露营者相比，团体对生态敏感区的渗透更深，影响发生的速率也更加迅速。

(一) 分区制策略

如上所述,最大的冲击往往发生在使用方式最多且使用方式非常混合的区域。因此,分区制是解决不同旅行模式产生不同影响的最常用的措施,按照使用类型来划分区域,如将团体和个人分开、将过夜使用与日间使用露营者分开等。以美国加利福尼亚州索诺拉(Sonora)以东30英里(1英里=1.6千米)处的斯坦尼斯劳斯国家森林公园(Stanislaus National Forest)内的先锋集团(Pioneer Group)房车营地为例。营地在基于可达性基础上,将个人露营者与团体露营者分区规划,可使不同规模露营者之间的干扰降低如图6-8所示。

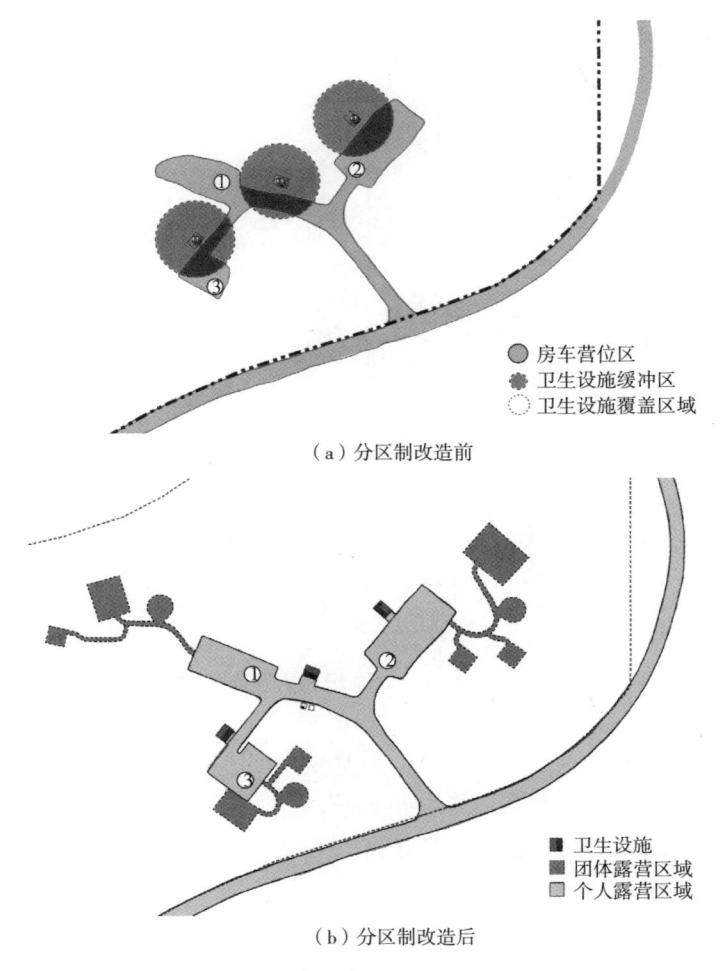

(a) 分区制改造前

●房车营位区
※卫生设施缓冲区
○卫生设施覆盖区域

(b) 分区制改造后

■卫生设施
■团体露营区域
■个人露营区域

图6-8 美国先锋集团(Pioneer Group)房车营地的分区制规划

（二）分散与集中使用策略

分散使用和集中使用是相反的两种使用策略，但已知使用量与冲击量并不是简单的线性关系。因此，传统观念中的分散使用也并不是平衡游憩冲击的万能药，对于复杂的生态敏感区而言，分散使用具有积极的效果，同时也使冲击变得复杂。

（1）分散使用。空间上的分散，即在同等数量的营地中，分散使用会使群体间距更大。一般而言，其应用于局部区域或使用量较低的区域是有益的。但在全区域的尺度上扩大群体之间的距离，则会产生一些潜在的消极后果，特别是对动植物的影响更普遍。例如，美国孤独湖（Lonesome Lake）分布有五个露营地（图6-9），括号里的数字是每年营地的夜间使用次数。

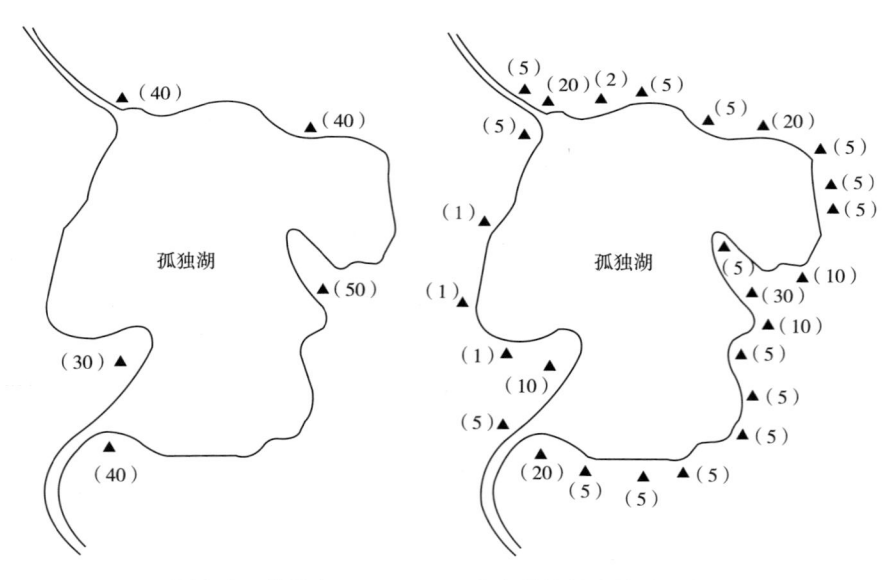

图6-9　美国 Lonesome Lake 房车营地的分散使用布局

时间上的分散指增加淡季使用，控制旺季使用，增加淡季特别是冬季的游憩机会，在一定程度上减少了冲击的程度，但却将游憩影响转移到了一个环境较为脆弱的季节（动植物生长繁殖）。

（2）集中使用。集中使用最常见的做法就是将使用集中在少数营地，并且使用的区域在每个营地中所占部分要尽可能的小，空间的集中可以应用于多种尺度。在实施集中使用策略后，可以暂时封闭一些区位较差或者受破坏较严重的营地,以进行恢复和重建。

总之,对于房车营地而言,分散使用更适合应用于游憩使用量小的区域,即受轻度影响的地区,而集中使用适合在游憩使用量较大的区域,也就是特别热门的地区。对于大空间尺度的区域,可以运用分散与集中相结合的策略,以达到平衡冲击的最佳效果。例如,美国黄石国家公园有丰富的野生动植物和地质、景观资源,每年都有数百万的游客来此游览和露营,公园为平衡游憩冲击所采取的措施就是分散和集中相结合的使用策略。指定游客集中于12个露营地(提供超过2000个营位),但是每个露营地之间都相距甚远,这就表现为局部的集中,整体的分散(图6-10)。其中,营位数较多的桥湾(Bridge Bay)、峡谷(Canyon)、钓鱼桥(Fishing Bridge)、格兰特村小木屋(Grant Village)、麦迪逊(Madison)五个营地提供了超过四分之三的营位,且分布于使用量较高的中心景观周边区域,将露营者集中于这几个露营地,更有利于管理和减少对环境的影响。北部游憩压较小,使用量低的区域则采用相对分散的布局模式。而在时间上也表现为集中使用,多集中于6~9月,为满足少量冬季露营需求将距离中心景区较远的猛犸(Mammoth)营地全年开放,以达到中心资源区的生态恢复。

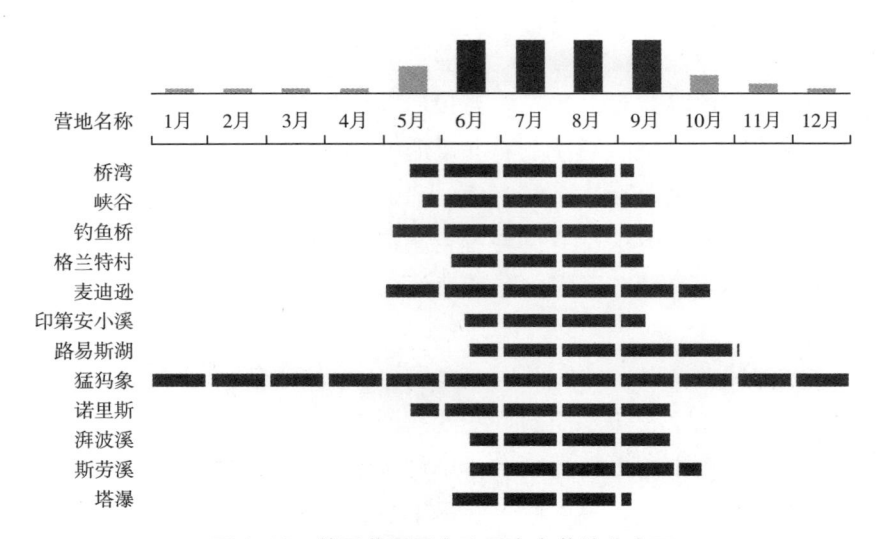

图 6-10 美国黄石国家公园房车营地分布图
图片来源:作者根据美国国家公园管理局数据绘制

第三节 调适环境游憩适宜性的共享空间结构

房车露营作为一种户外活动，依赖于自然资源提供的游憩机会，同时也要应对自然的多变，这种多变主要来自气候要素，包括降水、风力、温度和日照时长所带来的影响。但气候资源的分布在空间和时间上的变化有一定规律，这就为我们防范灾害和调整环境限制提供了依据。例如，在降水较多的沿河地区的房车营地首要解决的问题便是洪涝灾害的威胁，而森林公园、湿地公园需要解决由降水带来的径流排水问题，寒冷的北方地区要应对的是风雪的防护问题。

一、构建绿色共享的生态调蓄系统

我国是联合国确认的全球 13 个缺水国家之一，尤其是生态敏感区更需要涵养水源来保持生态系统的可持续发展。但过去对于在生态敏感区的开发由于考虑到雨水对项目建设的影响，而想尽办法将宝贵的雨水迅速排走，这样做的后果是造成了水资源的浪费和严重的二次污染，而且传统的排水系统在遭遇大量雨水时经常会由于负担过重，而引发洪涝灾害。这种单一目的、单一功能的应对雨水的方法，不仅会对生态造成严重的影响，还会带来潜在的风险。因此，在生态敏感区的房车营地的雨水管理措施应以构建生态化的调蓄系统为主要方式。

美国是最早关注调蓄研究的国家之一，从 20 世纪 80 年代起，就要求改建或新建项目的雨水径流不能超过开发前的水平。旨在通过自然的、风景园林式的手法恢复雨水与土地的联系，将径流调蓄与营造景观相结合。生态调蓄系统相比于传统排水系统更适合应用于生态敏感区的主要优势有：相对于传统的管道水井等硬质排水设施，调蓄系统运用的是柔性排水措施，即通过对土壤和植被的改造来形成景观形态的排水系统；传统的排水设施通常埋于地下，是不可见的，而调蓄系统则是流动可见的，形成优美的景观；传统排水设施采用的工程建设方式对自然生态的影响较大，而调蓄系统是对自然资源的整合和优化，并恢复和发挥场地的自然沉降的特征和功能；传统的排水方式注重的是排水的速率，结果是本应被自然下渗、净化、补给地下水的生态过程被消减，造成水土流失，而生态调蓄系统恰恰是还原最自然的沉降过程，缓慢释放，从而有效减少场地径流。

构建生态调蓄系统首先要基于现有地形地貌和植被特征（如已建成营地的改造还应考虑营地的布局和现有交通系统），依形就势，最大限度减少对自然特征的改变；并考虑影响排水的地形（如坡度）、地貌（如大块岩石和多年生树木）等因素。通过雨水渗入地下的地势走向整合，为营地的生态调蓄系统提供了可能性。

植被对生态调蓄系统的构建也起着至关重要的作用，如沿排水路径种植耐水性好的草甸，特别是湿地草，增加透水性，改良后的土壤具有较好的吸水性和保水性。而树木具有较好的蓄水和保水能力，特别是树冠越大、树木越健壮对减少径流量和峰值速度越有效，原因是枝干和叶片能拦截一部分雨水，并蒸发回大气，而根部又能够提高渗水能力。同时，树木还能过滤一部分雨水杂质和有害物质，起到渗滤和净化的作用，但前提是要达到一定的树木覆盖率。因此，可以利用树阵的规划设计实现调蓄和引流的作用。最终将径流汇集于景观水景中，用作观赏或在少雨季节用于灌溉。净化后的水还为鸟类等生物提供了新的生境，促进了生态系统的健康可持续发展，同时也整合了自然资源，形成了层次更加丰富的景观结构，提高了观赏性。

以位于美国加利福尼亚州索诺拉（Sonora）以东30英里处的斯坦尼斯劳斯国家森林公园（Stanislaus National Forest）内的三个露营地（Pinecrest营地、Meadowview营地和Pioneer Group营地）为例，森林每年有超过180万游客，其中80万选择在森林中露营，主要集中于6~8月的夏季。斯坦尼斯劳斯森林不仅有得天独厚的自然景观，还是水源地，莫科伦（Mokelumne）河和托伦（Tuolumne）河为旧金山和东湾地区的400万人提供饮用水，其他较小的水域则使用斯坦尼斯劳斯河及其支流的水。作为数百万下游用户使用的水的收集和存储区域，森林依靠草地来存储并缓慢释放这些水。这些"海绵"是保水区和过滤器，也是许多特殊动植物的重要栖息地。森林中数以百万计的树木产生的氧气以及每棵树木所吸收的碳有助于调节气候变化（图6-11）。

Meadowview营地地面坡度大于8%，且是两边高中间低的地势，因此径流向中间地势低的盆地聚集。在改造前形成了大大小小的水洼，不仅水体的生态状况不佳，还影响了自然景观的美感，对露营者也造成了一定的困扰。经

Meadowview 营地	Pinecrest 营地	Pioneer Group 营地
面积：47英亩	面积：55英亩	面积：9.5英亩
海拔：5700米	海拔：5700米	海拔：6100米
地面坡度：>8%	地面坡度：<5%	地面坡度：>8%
房车营位：100个	房车营位：200个	房车营位：3个停车平台
卫生间：5个（连接到下水系统）	卫生间：9个（连接到下水系统）	卫生间：3个（填埋式）
开放时间：4~10月	开放时间：4~10月	开放时间：全年

图 6-11 斯坦尼斯劳斯国家森林公园的三个房车营地分布图

过考察和对资源状况的评估，决定构建径流调蓄的生态系统，根据现有地形地势调整排水路径，将零散的积水洼改造成净水湿地景观，并配合排水路径植被的引导和净水植物的补植，使水体质量明显提高，在有效调节径流的同时也成为新的景观节点。而为了配合调蓄系统的重构，房车营地取消了位于排水路径上和规划后的排水/储水区的营位（图6-12）。

（a）改造前　　　　　　　　（b）改造后

图 6-12 Meadowview 房车营地调蓄系统改造前后

Pinecrest 房车营地与 Meadowview 房车营地的生态调蓄系统改造理念类似，也是依据地形地势和径流流向，在最大程度保持现有房车营地布局的基础上，以修复生态、自然调蓄为原则，构建集渗滤径流、提供生境、共享景观为目标的生态调蓄系统。与 Meadowview 房车营地不同的是，Pinecrest 房车营地的地势较平缓，略呈东高西低、南高北低的径流走势，因此，径流多汇集于营地的西北角，少量汇集于东北角，将原有零散的径流汇集处整合为三个湿地净水景观，实现生态和景观的优化和升级。

总之，构建生态调蓄系统的初衷就是以自然资源的整合调适代替工业材料的预制装配，将径流精心地保留在营地内，并加以利用，而不是迅速排出。生态调蓄系统的构建不仅使径流得到有效渗滤，为物种提供生境，还给人们营造了优美的景观，实现了真正的调适—共享，使自然生态和人类游憩活动都因生态调蓄系统的构建而受益。

二、提升适洪能力的滨水景观结构

由于临水景观开阔而富有层次，加之水上活动的吸引力，使人们的亲水游憩意愿极高。很多游憩地和游憩项目都临水而建，房车营地也不例外，很多建于湖畔、海边和河道两岸。但在审美享受和体验丰富游憩活动的同时，气候变化带来的极端降雨事件使许多游憩地面临严重和频繁的洪涝灾害，给人们的生命财产安全造成威胁，尤其是建于河道沿岸的房车营地，因河道流量的激增，会对房车营地的基础设施造成严重的侵蚀和破坏。这就要求房车营地在建设之初就要将应对洪涝灾害的能力放在重要的决策位置。但传统的加高堤坝的方式已经难应对复杂多变的灾害问题，它们往往需要巨大的建设和维护投资，还会干扰和破坏原有的自然生境。而利用空间和景观的规划设计，通过对房车营地的临岸空间设计，预备更多的储水空间和营造适洪景观成为新的解决方案。如降低洪泛平原、移除障碍物、降低防波堤、修建新堤坝以拓宽洪泛平原、挖掘夏季河床及溢洪道或人工河道和加高堤坝等（图6-13）。这些设计方法增加了河岸的蓄洪和泄洪能力，除了保证安全外，还着力提升河流的景观质量，使河岸景观更有层次。

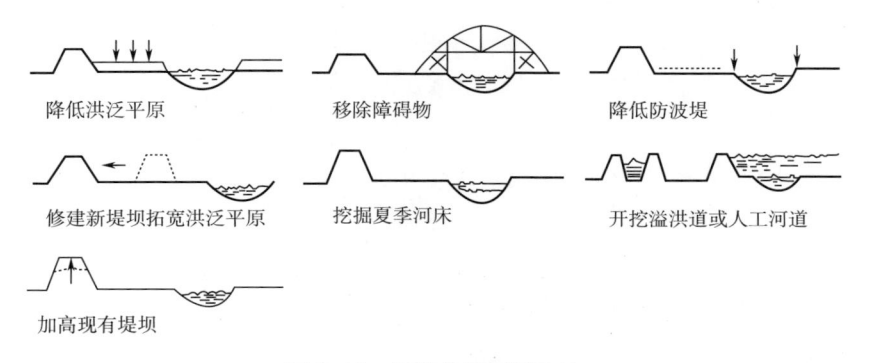

图 6-13　河流空间拓展方法

除了设计增加蓄洪能力的河道结构外，自然形态的河道景观也是有效的防洪措施，既增加了河道的蓄洪潜力，净化了水质，又恢复了河岸生境，还构建了新的河岸景观，实现动态调节的河岸发展，对河岸的生态系统功能和生态廊道的连续性产生重大影响，这一生态升级措施可以称为生态护坡设计。生态护坡景观结构是以保护和创造生物良好的生存环境和自然景观为前提，在具有一定强度、安全性和耐久性的同时，充分考虑了生态效果，将河道改造成水体与土体与生物相互涵养，适合生物生长的近自然状况的河道。生态护坡设计根据河道自然状况的不同，可以分为三种措施，即全系列生态护坡、土壤生物工程护坡以及复合式生物稳定措施。

全系列生态护坡，主要应用在出现表层土壤侵蚀、植被稀少、景观要求较高的河段，具体做法是从坡脚至坡顶依次种植沉草植物、浮叶植物、挺水植物、湿生植物（乔木、灌木、草木）等一系列护坡植物，形成多层次生态防护，兼顾生态功能和景观功能。挺水、浮叶以及沉水植物能有效减缓水流对坡岸的侵蚀。波面常水位以上种植耐湿性强、固土能力强的草本、灌木及乔木，共同构成了完善的生态护坡系统，既能有效地控制土壤侵蚀，又能美化河岸景观。

土壤生物工程护坡，主要运用于土壤侵蚀较严重、土质松散、景观要求较低的郊区河段。具体做法是采用有生命力的植物根、茎（杆）或完整的植物体作为结构的主要元素，按一定的方式、方向和序列将它们扦插、种植或掩埋在边坡的不同位置，在植物生长过程中实现稳定和加固边坡，控制水土流失和实现生态修复。这类护坡结构稳定、养护要求低、生境恢复快、景观效果好。

复合式生物稳定措施，主要用于那些侵蚀非常严重、出现整体滑塌的陡坡。这种生态护坡强调活性植物与工程措施相结合，核心是植生基质材料，依靠锚杆、植生基质、复合材料网和植被的共同作用，达到对坡面进行绿化和防护的目的。

在实际改造中通常是增加蓄洪能力和生态护坡相结合来达到应对洪涝和提升景观品质并举的目的。以特里尔营地改造项目为例，营地位于摩泽尔（Mosel）河右岸，每年超过平均水位线的天数约115天。项目改造目的是在确保现有房车露营等娱乐活动的基础上，对洪泛区域的河道进行结构改造，免受洪水灾害的影响，并与河岸的生态升级和景观营造相结合（图6-14）。

具体措施即采用了增加蓄洪量和生态护坡相结合的方式。做法是将河滩

图 6-14 特里尔堤岸改造工程规划区域

区下挖 1~2 米，这将增加 3500 立方米的蓄水量。将防洪堤拆除，实现无障碍的坡道。为了不阻碍洪水的排放，在坡道上不种植树木和灌木。但原有树木不能全部清除，否则树木根部区域会使堤体松动，削弱堤岸的稳定性。增加基础的稳定性，在底部底厚的地方填铺粗砾石。阶梯式植被，在接近水体的区域种植芦苇，向上延伸种植平滑的燕麦草草甸，然后是大面积的草地，作为房车营地使用。修建了三条长 60 米、宽 2 米的石板路供房车通行，并通过设置隔离带形成人车分流的道路形态（图 6-15）。

图 6-15 特里尔堤岸改造工程规划区域

数据显示，根据普法尔茨对堤岸结果质量的等级标准最高为 6 级，本项目在坡道改造工程之后，堤岸的结构稳定性提升了两个等级，等级为 5 级。

而同时水环境质量也得到提升，主要是因为河道的变宽和更多的自然植被（芦苇、燕麦草甸），使生态系统得以提升。房车营地也因河道的改造升级而免受洪水威胁，同时也提升了营地的景观品质。

三、应对风雪侵袭的场域防护

气候不是产品，但将气候作为资源整合到露营产品或服务中，它就变成了露营产品的一部分。正如第三章中对游憩潜力的论述，房车旅游依赖于特定环境中的资源所提供的游憩机会，气候也可以为房车露营提供游憩机会。例如，人们通常认为温暖适宜的气候是户外活动的前提，但"好天气"是相对的，它取决于游客希望开展的户外娱乐活动，如滑雪和冰上运动就需要低温气候。但低温并不等于风雪交加的恶劣天气，事实上冬季运动爱好者们大部分选择在风雪过后的积雪期进行房车露营。所以，房车营地应对风雪方面主要需要解决的问题是积雪对房车露营带来的影响。但气候有其不确定性，这就需要通过调整营地布局和细部形态做到对风雪的有效防护。

研究发现，我国降雪的地理特征主要表现为集中在高纬度、高海拔地区以及南方主要降雪地区集中的特点。而降雪规律是，北方积雪比降雪日多，如哈尔滨年平均积雪日为105天，但降雪期内降雪日数并不多，一般为30天左右。而越往南，积雪日和降雪日都会逐渐减少。因此，受风雪影响的房车营地主要是在高海拔、高纬度地区。降雪在无风情况下是均匀的，但会借助风势形成堆积，房车或营地内建筑迎风面易形成积雪，而背面风影区则堆积较少，迎风面积越大，堆积越多。

防风适雪的营地布局。对以雪景为特色的房车营地案例分析可以发现，营地内的营位基本布局大多数是坐北朝南布置在场地北侧，呈规则的一字型集中排列，在南侧空出大面积无阴影覆盖的场地。这是由于我国冬季主要受冬季风影响，如果分散布局则不利于对防护能力的把控，对场地清理积雪也会造成一定的难度。而这种规则排列方式也分为两类：垂直于主导风向和平行于主导风向的营位布局。垂直于主导风向的布局，通常房车车体朝向迎风面排列，迎风面积较大，形成的积雪量较多，且不利于车门的开启。南北方向有很大的差异，北向容易积雪且缺乏阳光，会导致冰雪滞留时间延长；平行于主导风向的房车营地布局，虽然迎风面小，但东西两侧也会形成相似的落雪情况，雪量相对较少（表6-3）。

第六章 | 房车营地与生态敏感区的调适共享营建策略　175

表 6-3　常用营位布局与积雪情况分析表

布局类型	布局示意图	特征
垂直于主导风向的营位布局		迎风面积大，积雪量较多
平行于主导风向的营位布局		迎风面小，但车身两侧容易形成相似的积雪

　　而多见于南方营地的围合式布局则较少出现于受冰雪影响的北方地区，围合的形式也分为两种，一种是由房车围合而成的组团（开敞或闭合），另一种类似院落的围墙。由房车围合的布局形式对积雪量影响较小，以房车闭合类的布局虽然可以围合出一个空间，但组合整体的积雪量并没有明显的下降，同样栅栏、绿植等围合布局也没有明显减少积雪的效果。而围墙类营位围合形式，对风雪有一定的遮蔽效果，但对观景有一定影响（表6-4）。

表 6-4　围合式营位布局与积雪情况分析表

围合形式	三面围合	四面围合	墙体围合
布局示意图			
特征	与平行排列和垂直排列类似，积雪量没有明显减少	内部围合成有一定遮蔽的空间	院落内部积雪量较少，但对欣赏雪地景观有一定影响

　　综合几种布局形式的特点，可以通过综合运用来选择最恰当的布局形式。也可以利用地势的高差或加高迎风面遮蔽物高度，降低背风面高度，以减少冰雪侵袭的优质场地和外部交通组织机会。而按照北方人的偏好，南向应是

组织场地和交通的首选。应将房车坐北朝南分布于场地北侧，在南侧空出大面积无阴影覆盖的场地，场地内由于基本没有阻挡，落雪较少，清雪难度较小，有利于利用空间展开游憩活动。而北侧没有使用要求，无须清理。以黑龙江省海林市众阳房车营地为例，营地背靠山体，阻挡了一部分冬季风影响，在营地内部大部分房车竖向排列，在营地中央空出大面积空地，满足充足光照的同时也便于积雪的清理和交通组织（图6-16）。

图6-16 黑龙江众阳房车营地空间布局

本章小结

房车营地在生态敏感区的营建具有更多的复杂性和动态性，生态系统本身就是一个不断动态变化的复杂系统，有更多的不可预测性。因此，在生态敏感区建设的房车营地应该谨慎抉择，调适策略强调的房车营地在生态敏感区的环境中能够动态地自我调节，并不干预自然，而是通过动态调适使房车营地与生态敏感区实现绿色共享。主要通过对房车露营与生态敏感区作用关系的空间格局、时间格局、游憩者行为格局的调适来实现环境保护与资源利用的平衡。

另外，自然环境对房车营地也存在着一定程度的限制和威胁，这主要来自气候的影响，森林中的径流引起的排水不畅会导致营地地面受损，限制露营活动；沿河而建的房车营地会被洪涝灾害影响，威胁生命财产安全；以冰雪为特色的房车营地会受风雪侵袭。面对气候变化带来的诸多问题，应以自然的方法来解决自然的问题，以适应和调节来代替人工改造。在帮助房车营地在生态敏感区可持续发展的同时也使自然环境更加优化，生态效益显著提升，也更适宜房车露营。

第七章

结论与展望

第一节 结论

本研究从新兴的旅游模式——房车露营入手，力图探索出能够迎合新游憩需求和适应区域特性的空间载体，即房车营地的营建体系。当前，是我国房车营地建设从高速发展向高质量发展转变的关键阶段，而高质量发展之路要坚持共享发展理念、全域发展视野，为房车营地在我国的发展指明方向。研究的主要工作有四点。第一，通过对国内外房车营地相关文献的回顾和梳理，推导出影响房车营地建设发展的影响因素和影响结果，从而挖掘出对决定房车营地规划设计起关键性影响的要素。同时，对国内外典型案例进行剖析，参考成熟的空间布局模式如何作用于不同的区域类型，从而获取关键性要素之间的作用形式。第二，以问卷的形式对大连地区不同选址类型的房车营地进行选择意向调查，提取不同区域营建房车营地的决定性影响要素，并结合对营建体系层级的划分，以多学科交叉的理论支撑，构建房车营地的营建理论模式和实现机制。第三，依据模式和机制展开各区域营建房车营地的具体策略。第四，将我国已建成房车营地根据本文的区域性生成机制进行重新划分，可分别对应不同策略机制进行更新和提升（附录2~附录4）。上述研究的结论如下。

（1）在对研究背景进行分析后，明确我国房车营地的发展方向，即以全域发展为背景，坚持共享发展的理念来对房车营地的营建进行明确定位。梳理归纳相关研究和理论以作为研究的基本前提和逻辑起点。全面系统地解析了房车营地的社会职能、游憩功能以及推动和影响房车营地发展的各种因素，确定了核心论点，从共享视角、共享模式和共享成果这三个维度来指导房车营地的营建策略构建。

（2）本研究致力于从全域视野来构建房车营地与区域之间的关联性。根据系统论整体思维，事物之间的关联是各种要素作用的结果。因此，本研究一方面参考了既有的房车营地与区域关系的研究成果，另一方面通过对露营者和营地管理者问卷和访谈来进行求证。同时，构建了房车营地的营建理论模式，导出营建策略机制，即针对在乡村建设房车营地的集群共享策略、在城市游憩中心地建设房车营地的让渡共享策略、在生态敏感区建设房车营地的调适共享策略。

（3）通过对乡村发展路径、发展现状和发展需求的剖析，确定房车营地的建设重点应针对区域联动发展需求、保障支持性功能需求和搭建平台需求层面来思考与乡村的融合发展，而同时房车营地也从乡村共享了自然景观及文化体验。提出了区位集群共享、功能集群共享和空间界面共享三个维度的营建策略，构成房车营地在乡村营建的集群共享策略，使房车营地在乡村能可持续发展的同时，也使乡村福利得以提升。

（4）通过对城市游憩中心地的区位特征、演化特征和现状的分析，房车营地在城市游憩中心地的建设不能仅局限于游憩中心地的范围，还应以城市视野来带动游憩中心地发展，以游憩中心地来带动房车营地发展。而房车营地就像平静水面的涟漪一样，以点带面触发游憩中心地——城市的联动发展，其作用形式就是通过"事件"来统筹"场"和"物"的建设，虽然在形式上是让渡了功能和空间，但让渡是为了拓展更多的机会和可能性，在让渡的过程中房车营地也在不断塑造和提升自身的价值和形象。

（5）通过对生态敏感区特性和与房车营地的互动关系的分析，房车营地在生态敏感区的建设首先应明确对生态系统的保护的立场，但保护不是完全地隔离，而应该寻求环境保护与资源利用的平衡点。因此，采用调适共享的策略，从空间格局、时间格局和行为引导来最大程度减少露营活动对生态系统的影响。同时，生态敏感区对房车营地的建设也有一定的限制，应从房车营地的建设层面来降低风险，对自然环境也起到整合优化的作用。

第二节　创新点

创新点一：引入共享发展理念，以全域化的营建视角和高质量的营建原则，研究房车营地区域性生成机制。研究指出依赖于西方营建策略对房车营地在我国的可持续发展的不适宜性，提出共享发展、全域视角和高质量原则在架构适合我国房车营地营建理论的重要意义。通过对房车营地与资源、经济、环境等要素的作用关系的系统分析，揭示房车营地应在区域层面生成营建机制。

创新点二：建构了乡村型、城市游憩中心地型和生态敏感区型房车营地的营建理论框架，创新发展了房车营地营建理论体系。将房车营地与共享发展理念的深度结合定位于全民共享范围、全面共享内容、共享共建路径和渐进共享进程的营建内涵。并根据区域性生成机制，将房车营地的营建类型划分为乡村型、城市游憩中心地型和生态敏感区型，创新发展了房车营地理论体系。

创新点三：提出了实现房车营地共享营建的集群共享、让渡共享、调适共享的策略实现机制。揭示了房车营地与景观游憩潜力、使用者偏好匹配的原理、方式和决定因素，明确了房车营地在不同区域类型营建所面临的问题和策略重点。从而构建出共享价值导向下的房车营地三种创新营建模式，即集群共享、让渡共享、调适共享。聚焦于不同区域特征和发展需求与房车营地的协同增益关系，建构涵盖开发策划、建设规划和组织规划的共享共建的营建策略。为房车营地的营建实践提供系统、可操作的指导原则，也为已建成营地的优化提升提供了系统的方法性理论。

第三节　研究不足与展望

本书以基于共享理念的房车营地为研究核心，用理论与实证相结合的方式探究房车营地与环境之间的共享关系，这在我国尚属较新的研究探索，涉及的范围广，学科交叉跨度大，还有很多需要填补和完善之处。

一、研究深度方面的不足

由于我国房车营地的研究尚处起步阶段，历史文献及研究成果相对较少，需查阅大量外文文献作为参考，但受学力、获取文献途径和篇幅的限制。本书所构建的房车营地营建策略的理论框架无法深入每一个营建环节，旨在寻求有别于普适设计思路的突破。特别是由于我国房车营地建设时间较短，纵向研究数据不足，对结果变量的测度没有足够的样本支持，还需持续研究以获得更多事件序列数据来进一步加强纵向比较印证结论。

　　房车营地的本质是以房车为要素的临时聚落，本书的意义也在于将房车营地作为类似聚落的代表来探讨，但受篇幅和学力的限制，没有更加深入地去探讨形成这类临时聚落的社会、空间和行为等要件，而是将重点放在策略层面。且由于我国房车营地建设发展时间较短，可支撑论点的国内案例较少。虽然近年建设发展更加规范，但发展时间较短，后期发展难以预测。因此，本书引用了一些国外房车营地的成功发展案例，但并不是某一营地的整体借鉴，而是选取营地某些可应用与我国模式的营造要件。对待国外房车营地的营建模式，既不能照搬照抄，也不能全盘否定，而应理性地提取与借鉴。诚然，对我国房车营地的案例跟踪研究将是今后研究的重点。

二、研究广度方面的不足

　　房车营地在国外的建设发展已经相对成熟，尤其是发达国家的房车营地更是星罗棋布。因此，对房车营地的案例研究多集中于欧美国家，无法覆盖所有国家和类型，在研究的广度上有一定的局限性。而我国广袤的国土面积、复杂的地形地貌和多样的气候条件对房车营地的建设影响相对复杂，是无法用三种营建策略来全部解决的，因此，还需要不断扩展和细化研究范围。

　　本书将样本选取限定于大连几处房车营地，确有不足，但受客观因素限制，难以扩大样本库。但在今后的工作学习中将扩大研究范围和研究时长以及调研对象的扩展，以更好地支撑论点。

　　针对以上不足，笔者仍将在今后的学习与工作中不断充实和细化，该研究方向确属关乎民生的应用性课题，契合当前的建设需要，具有较好的应用前景和可持续意义。在此，期盼同行专家们的进一步关注，并在本书的基础上对这一领域的课题进行更加全面而深入的研究和探讨。

参 考 文 献

［1］ 李景. 房车营地规划设计研究［D］. 北京：北京林业大学，2011.

［2］ 王琳，唐建. 中国房车营地现状分析与对策研究［J］. 建筑与文化，2014（5）：119-120.

［3］ 李振宇，朱怡晨. 迈向共享建筑学［J］. 建筑学报，2017（12）：60-65.

［4］ Kearns R, Collins D, Bates L, et al. Campgrounds as service hubs for the marginally housed［J］. Geographical Research, 2019, 57（3）：299-311.

［5］ Handfield R B, Melnyk S A. The scientific theory-building process: a primer using the case of TQM［J］. Journal of Operations Management, 1998, 16（4）：321-339.

［6］ 方杲，李争. 共享发展理念内涵的四个维度［J］. 长白学刊，2017（2）：28-33.

［7］ 瓦尔特·艾萨德. 区域科学导论［M］. 北京：高等教育出版社，1991.

［8］ 王铮，丁金宏. 区域科学原理［M］. 北京：科学出版社，1994.

［9］ 吴国清. 都市旅游目的地空间结构演化的网络化机理［D］. 上海：华东师范大学，2008.

［10］ 游艳玲. 社区发展规划［M］. 北京：科学出版社，2016.

［11］ 费孝通. 费孝通文集：十六卷［M］. 北京：群言出版社，1999.

［12］ 丁元竹. 社区的基本理论与方法［M］. 北京：北京师范大学出版社，2009.

［13］ Hammitt W E, Cole D N. 游憩生态学［M］. 吴承照，张娜，译. 北京：科学出版社，2011.

［14］ 吴承照. 现代城市游憩规划设计理论与方法［M］. 北京：中国建筑工业出版社，1998.

［15］ Weyland F, Laterra P. Recreation potential assessment at large spatial scales: A method based in the ecosystem services approach and landscape metrics［J］. Ecological Indicators, 2014, 39：34-43.

［16］ Barton S. Working-class organisations and popular tourism, 1840—1970［M］. Manchester: Manchester University Press, 2005.

［17］ Brooker E, Joppe M. Trends in camping and outdoor hospitality—An international review［J］. Journal of Outdoor Recreation and Tourism, 2013, 3：1-6.

［18］ Mattingly G A. Individualistic roamers or community builders? Differences and boundaries among RVers [D]. Starkville: Mississippi State University, 2005.

[19] O'dell S M. Post-war Tourism in the Tendring District and Beyond: The Rise of the Holiday Caravan Park, c. 1938—1989 [D]. Colchester: University of Essex, 2016.

[20] 蔡君. 略论游憩机会谱（Recreation Opportunity Spectrum, ROS）框架体系 [J]. 中国园林, 2006 (7): 73-77.

[21] 刘祖云, 周银坤. 城市利益让渡: 乡村振兴的一个理论命题 [J]. 社会科学, 2018 (5): 3-12.

[22] 吴后建, 但新球, 王隆富, 等. 我国湿地公园建设的回顾与展望 [J]. 林业资源管理, 2016 (2): 39-44.

[23] 厉新建, 马蕾, 陈丽嘉. 全域旅游发展: 逻辑与重点 [J]. 旅游学刊, 2016, 31 (9): 22-24.

[24] 徐雷, 胡燕. 多核 层级 网络——兼并型城市中心区形态问题研究 [J]. 城市规划, 2001 (12): 13-15.

[25] 周杰, 盖媛瑾. 传统农耕存留区的农旅融合路径构想——以遵义市汇川区毛石镇为例 [J]. 安徽农学通报, 2016, 22 (24): 124-126, 130.

[26] 克里斯塔勒. 德国南部中心地原理 [M]. 北京: 商务印书馆, 2010.

[27] 任卓. 生态敏感区经济可持续发展研究 [D]. 武汉: 武汉大学, 2014.

[28] 俞孔坚, 李迪华, 袁弘, 等. "海绵城市" 理论与实践 [J]. 城市规划, 2015, 39 (6): 26-36.

[29] 王琳. 生态游憩视角下的房车营地规划设计——以浙江桐乡良种场房车庄园为例 [J]. 装饰, 2018 (6): 140-141.

[30] Cole D N. Changing conditions on wilderness campsites: Seven case studies of trends over 13 to 32 years [J]. Gen. Tech. Rep. RMRS-GTR-300. Fort Collins, CO: US Department of Agriculture, Forest Service, Rocky Mountain Research Station. 99 p., 2013, 300.

[31] Buuren M V. The Netherlands and its never-ending dialogue with the water [C]. 45th IFLA World Congress Guide, 2008.

[32] 赵广琦, 邵飞, 崔心红. 生态河道的坡岸绿化技术探索与应用 [J]. 中国园林, 2008 (11): 66-70.

附录1 营地 RDA 数据

附表1-1 大连金石滩黄金海岸国际汽车露营地

序号	营地属性	决定性	相关性	性能
1	营地的安全性	0.448	4.883(0.249)	4.505(0.360)
2	营地的清洁度	0.464	4.729(0.741)	4.236(0.849)
3	营地的私密度	0.267	3.853(0.725)	3.138(0.898)
4	营地的基础设施(卫生设施、水电等)	0.306	4.535(0.552)	4.478(0.633)
5	营地的生态标准	0.312	3.553(0.787)	3.322(0.932)
6	营地接待服务水平	0.322	4.344(0.858)	4.152(0.941)
7	住宿形式的多样化	0.398	3.691(0.753)	3.881(1.056)
8	营位的景观品质	0.308	4.258(0.524)	3.521(0.894)
9	体育休闲活动设施	0.419	4.312(0.882)	3.227(0.931)
10	丰富的游憩体验活动	0.458	4.841(0.248)	4.482(0.327)
11	老人和儿童活动区	0.401	4.380(0.894)	4.209(1.060)
12	组织特色活动	0.444	4.245(0.736)	3.635(0.788)
13	夜间娱乐活动	0.395	3.829(0.714)	4.663(0.916)
14	食物提供(餐厅、酒吧)	0.449	4.408(0.772)	3.904(1.033)
15	专业的信息技术服务	0.433	3.777(0.730)	3.401(1.008)
16	营地周边是否有著名景点	0.281	3.655(0.882)	4.602(0.921)
17	营地与周边景点的可达性	0.412	3.635(0.669)	4.651(0.919)
18	是否有可选择的周边旅游线路	0.439	4.703(0.722)	4.591(0.601)
19	购物的便利	0.423	4.644(0.815)	3.998(0.948)
20	文化交流与体验	0.490	4.504(0.800)	3.762(0.947)
	总均值	0.393	4.239	4.018

附表 1-2　大连银泰房车露营地

序号	营地属性	决定性	相关性	性能
1	营地的安全性	0.484	4.831（0.307）	4.273（0.389）
2	营地的清洁度	0.474	4.598（0.670）	4.303（0.881）
3	营地的私密度	0.260	3.706（0.674）	3.302（0.931）
4	营地的基础设施（卫生设施、水电等）	0.331	4.532（0.521）	4.291（0.686）
5	营地的生态标准	0.298	3.861（0.609）	3.136（0.888）
6	营地接待服务水平	0.351	4.478（0.939）	3.909（0.938）
7	住宿形式的多样化	0.331	3.586（0.861）	3.497（0.957）
8	营位的景观品质	0.319	3.789（0.679）	3.192（0.818）
9	体育休闲活动设施	0.395	4.309（0.829）	3.151（0.884）
10	丰富的游憩体验活动	0.458	4.837（0.313）	3.570（0.339）
11	老人和儿童活动区	0.340	4.652（0.872）	3.987（1.055）
12	组织特色活动	0.439	3.618（0.730）	3.497（0.811）
13	夜间娱乐活动	0.413	4.333（0.712）	4.187（0.996）
14	食物提供（餐厅、酒吧）	0.312	4.405（0.829）	3.541（0.909）
15	专业的信息技术服务	0.425	4.261（0.871）	3.213（0.924）
16	营地周边是否有著名景点	0.277	3.873（0.746）	4.285（0.923）
17	营地与周边景点的可达性	0.412	3.753（0.612）	4.503（0.902）
18	是否有可选择的周边旅游线路	0.467	4.711（0.328）	4.563（0.445）
19	购物的便利	0.414	4.478（0.885）	4.025（0.902）
20	文化交流与体验	0.397	4.669（0.712）	3.686（0.996）
	总均值	0.380	4.264	3.806

附表 1-3　大连金石滩森林汽车露营地

序号	营地属性	决定性	相关性	性能
1	营地的安全性	0.448	4.747（0.704）	4.329（0.850）
2	营地的清洁度	0.439	4.622（0.696）	3.819（0.855）
3	营地的私密度	0.485	4.890（0.214）	4.454（0.609）

续表

序号	营地属性	决定性	相关性	性能
4	营地的基础设施（卫生设施、水电等）	0.333	4.795（0.303）	3.703（0.762）
5	营地的生态标准	0.436	3.863（0.608）	3.841（0.835）
6	营地接待服务水平	0.329	4.383（0.935）	3.782（1.087）
7	住宿形式的多样化	0.395	3.857（0.769）	4.183（1.030）
8	营位的景观品质	0.428	4.644（0.606）	3.860（0.698）
9	体育休闲活动设施	0.388	3.774（0.869）	3.269（0.925）
10	丰富的游憩体验活动	0.437	4.556（0.607）	3.895（0.907）
11	老人和儿童活动区	0.339	4.466（0.810）	3.762（0.921）
12	组织特色活动	0.306	3.791（0.645）	3.139（0.791）
13	夜间娱乐活动	0.316	3.678（0.950）	3.259（0.995）
14	食物提供（餐厅、酒吧）	0.323	3.941（0.784）	3.901（0.914）
15	专业的信息技术服务	0.305	4.299（0.854）	3.195（1.046）
16	营地周边是否有著名景点	0.410	3.993（0.783）	4.326（0.888）
17	营地与周边景点的可达性	0.270	3.563（0.733）	4.387（0.935）
18	是否有可选择的周边旅游线路	0.415	3.811（0.720）	4.379（0.913）
19	购物的便利	0.393	4.038（0.865）	3.878（0.910）
20	文化交流与体验	0.336	3.863（0.847）	3.281（0.966）
总均值		0.377	4.179	3.832

附表1-4　大连金石滩蓝莓谷庄园房车营地

序号	营地属性	决定性	相关性	性能
1	营地的安全性	0.471	4.767（0.494）	4.041（0.674）
2	营地的清洁度	0.446	4.731（0.669）	3.877（0.851）
3	营地的私密度	0.467	4.884（0.191）	4.278（0.601）
4	营地的基础设施（卫生设施、水电等）	0.416	4.742（0.564）	3.625（0.653）
5	营地的生态标准	0.432	4.069（0.793）	3.809（0.940）
6	营地接待服务水平	0.327	4.596（0.913）	3.857（1.068）

续表

序号	营地属性	决定性	相关性	性能
7	住宿形式的多样化	0.404	4.453 (0.914)	4.319 (1.048)
8	营位的景观品质	0.427	4.895 (0.161)	4.124 (0.759)
9	体育休闲活动设施	0.399	3.950 (0.837)	3.471 (0.824)
10	丰富的游憩体验活动	0.400	4.638 (0.659)	4.218 (0.821)
11	老人和儿童活动区	0.340	4.640 (0.847)	4.173 (0.940)
12	组织特色活动	0.328	3.578 (0.734)	3.265 (0.790)
13	夜间娱乐活动	0.313	3.815 (0.720)	3.341 (0.916)
14	食物提供（餐厅、酒吧）	0.327	4.253 (0.820)	4.142 (1.002)
15	专业的信息技术服务	0.298	3.867 (0.826)	3.241 (1.040)
16	营地周边是否有著名景点	0.395	3.713 (0.743)	3.970 (0.937)
17	营地与周边景点的可达性	0.285	3.771 (0.573)	3.892 (0.792)
18	是否有可选择的周边旅游线路	0.404	3.587 (0.775)	4.177 (0.934)
19	购物的便利	0.306	4.478 (0.811)	3.523 (1.040)
20	文化交流与体验	0.286	3.442 (0.833)	3.142 (0.912)
	总均值	0.373	4.243	3.824

附表 1-5　大连天门山汽车旅馆

序号	营地属性	决定性	相关性	性能
1	营地的安全性	0.447	4.560 (0.392)	3.974 (0.789)
2	营地的清洁度	0.432	4.608 (0.691)	3.651 (0.900)
3	营地的私密度	0.289	4.356 (0.695)	3.715 (0.858)
4	营地的基础设施（卫生设施、水电等）	0.327	4.735 (0.357)	3.416 (0.609)
5	营地的生态标准	0.316	4.358 (0.779)	3.259 (0.834)
6	营地接待服务水平	0.421	3.824 (0.933)	3.598 (1.015)
7	住宿形式的多样化	0.350	3.939 (0.927)	3.828 (1.020)
8	营位的景观品质	0.304	3.635 (0.824)	3.391 (0.945)
9	体育休闲活动设施	0.428	4.433 (0.708)	3.210 (0.816)

续表

序号	营地属性	决定性	相关性	性能
10	丰富的游憩体验活动	0.412	4.786（0.387）	3.607（0.686）
11	老人和儿童活动区	0.418	4.356（0.839）	3.762（0.997）
12	组织特色活动	0.328	3.575（0.626）	3.136（0.872）
13	夜间娱乐活动	0.321	3.681（0.845）	3.186（0.908）
14	食物提供（餐厅、酒吧）	0.459	4.443（0.841）	3.781（0.984）
15	专业的信息技术服务	0.451	3.943（0.821）	3.132（0.980）
16	营地周边是否有著名景点	0.426	3.661（0.779）	4.313（0.902）
17	营地与周边景点的可达性	0.392	4.586（0.730）	3.391（0.808）
18	是否有可选择的周边旅游线路	0.405	3.750（0.836）	3.465（0.929）
19	购物的便利	0.351	3.738（0.814）	3.157（0.907）
20	文化交流与体验	0.433	3.931（0.785）	3.985（0.906）
	总均值	0.385	4.145	3.548

附表1-6　大连槐之乡房车营地

序号	营地属性	决定性	相关性	性能
1	营地的安全性	0.429	4.719（0.349）	4.012（0.663）
2	营地的清洁度	0.418	4.560（0.698）	4.093（0.894）
3	营地的私密度	0.304	4.475（0.454）	3.661（0.625）
4	营地的基础设施（卫生设施、水电等）	0.304	4.671（0.484）	3.504（0.722）
5	营地的生态标准	0.266	4.374（0.786）	3.462（0.825）
6	营地接待服务水平	0.323	4.419（0.922）	3.607（1.031）
7	住宿形式的多样化	0.337	4.085（0.920）	3.512（1.003）
8	营位的景观品质	0.310	3.798（0.752）	3.381（0.964）
9	体育休闲活动设施	0.381	4.381（0.731）	3.163（0.856）
10	丰富的游憩体验活动	0.466	4.544（0.703）	3.741（0.832）
11	老人和儿童活动区	0.394	4.431（0.887）	3.706（1.037）
12	组织特色活动	0.418	3.583（0.670）	3.313（0.765）

续表

序号	营地属性	决定性	相关性	性能
13	夜间娱乐活动	0.295	3.693（0.937）	3.141（0.949）
14	食物提供（餐厅、酒吧）	0.413	4.784（0.203）	3.606（0.525）
15	专业的信息技术服务	0.451	3.839（0.799）	3.292（1.026）
16	营地周边是否有著名景点	0.409	3.891（0.812）	4.192（0.881）
17	营地与周边景点的可达性	0.403	4.689（0.553）	3.520（0.785）
18	是否有可选择的周边旅游线路	0.392	3.695（0.701）	3.671（0.943）
19	购物的便利	0.344	3.881（0.893）	3.226（1.043）
20	文化交流与体验	0.446	3.760（0.836）	4.051（0.972）
	总均值	0.375	4.214	3.593

附录2　乡村型房车营地列表

北京市	河北省
北京延庆八达岭龙湾国际露营公园	唐山市迁西栗香湖畔房车露营地
潭柘寺镇桑峪村汽车露营地	唐山市大陆房车体验营地
港中旅意大利农场露营地	保定市恋乡·太行水镇汽车露营地
北京香草园宿营中心	张家口市海坨山谷 rv-park 房车营地
北京酷易乐房车驿站	张家口市西水玫瑰汽车房车露营地
中航·爱游客北京云湖露营地	张家市口神仙谷汽车自驾运动营地
北京龙母山庄汽车文化基地	邯郸市娲皇水镇度假营地
北京蟹岛国际汽车露营地	保定市官厅水库渔民岛房车露营地
北京苹果主题公园露营地	山西省
上海市	晋中市千朝农庄房车营地
上海中航爱游客枫泾房车露营地	长治市乡地艺客太行潞水湾营地
上海锦荟园露营地	晋城市乡地艺客太行卧龙湾营地
上海圣湖度假俱乐部营地	辽宁省
上海疯狂的农民露营地	大连市港中旅槐之乡房车露营地
上海菲尼克斯庄园	大连紫云花汐房车露营地
天津市	丹东市联邦户外房车露营地
桃花寺露营公园营地	大连市天门山汽车旅馆
天津君利生态园房车营地	吉林省
天津滨海茶淀木屋营地	安图县东清·长白驿站
重庆市	延吉休闲农场露营公园
重庆乐耕农场房车营地	和龙市金达莱民俗村露营地
重庆高炉淌汽车营地	长春市庙香山汽车自驾运动营地
重庆渝北国家农业科技园露营地	

续表

黑龙江省	安徽省
哈尔滨市龙鸿山庄汽车房车露营地	芜湖市信德露营地
福建省	湖南省
龙岩市添福山庄福阿哥户外露营地	长沙市光明村房车营地
泉州市后深溪旅游生态区露营地	常德市烽火汽车露营公园
泉州市绿笛山庄房车露营地	湘潭市韶湖自驾友汽车营地
厦门市豪威莱斯房车露营公园	山东省
福州市金水湖懒虫房车露营岛	枣庄市翼云湖柜族部落
晋江市围头海角汽车露营地	临沂市红石寨汽车露营地
江西省	济宁市邹鲁一号文化露营地
吉安市井冈山望美自驾屋露营地	莱芜市新泰莲花山房车露营地
陕西省	济南市九顶塔露营基地
榆林市塞上江南自驾车房车露营基地	河南省
江苏省	驻马店市花庄假日营地
南京市汤山温泉房车营地	信阳市五色蚌自驾车房车露营地
南京市朱门房车营地	洛阳市白云山自驾旅游营地
苏州市太仓白玉兰生态旅游度假基地	郑州市杨树沟景区房车营地
无锡市路野路亚垂钓露营基地	湖北省
无锡市百畅生态度假休闲之都房车营地	宜昌市篷客百里荒高山草原露营地
南通市民俗文化博览园自驾游基地	武汉市锦绣山庄露营基地
南通市蛎蚜山壹号房车营地	荆门市京山房车露营地
南通市开沙岛房车露营地	武汉银杏山庄房车露营基地
泰州市溱湖绿洲梦之恋房车露营地	广西壮族自治区
常州市蓝企鹅mini营地	南宁市美丽南方忠良公社汽车营地
浙江省	贵港市桂平西山泉汽车（房车）露营基地
温州市楠溪江国际房车露营基地	南宁市乡村大世界汽车旅游露营地
宁波市北仑嘉迪房车露营地	崇左市大新明仕汽车露营地
嘉兴市乌镇国际汽车露营地	柳州市融水田塘汽车营地
嘉兴市碧云花海农场露营地	
杭州市大清谷房车营地	

续表

广东省	四川省
广州市茂名 3 天汽车露营地	成都市花水湾樱花温泉房车营地
深圳市金龟露营小镇	成都市天府方舟房车露营公园
深圳市萤火虫（七星湾）营地	成都市福洪乡杏花村房车营地
深圳市凤凰山麦田房车微营地	成都市新都桥 318 自驾游营地
云浮市金水台温泉房车营地	成都市 66 号房车度假营地
惠州市凤谷湖畔露营地	成都市新津斑竹林 318 营地
佛山市宝苞房车酒店	成都市棕榈世界房车露营地
佛山市美的鹭湖汽车营地	甘孜州雅江 318 营地
甘肃省	甘孜州新都桥 318 营地
酒泉市党河峡谷民族文化风情园	甘孜州巴塘 318 营地
陇南市康县长坝自驾游房车露营地	甘孜州翁达 318 营地
张掖市民乐县扁都口自驾游营地	自贡市岳池风日美汽车露营公园
内蒙古自治区	阿坝州松潘上磨 318 营地
呼伦贝尔市吉雅泰休闲农业风情园	阿坝州红原 318 营地
包头市达茂旗西河水库自驾游房车营地	什邡市冰川京什房车露营地
赤峰市克什克腾旗蒙元文化城	广元市剑阁翠云廊房车营地
通辽市北甘旗自驾车露营地	南充市大唐开心农场露营地
通辽市途居青龙山自驾车露营地	云南省
通辽市奈曼旗青龙山自驾车露营地	昆明市雨田乡野房车帐篷露营农场
海拉尔区呼伦贝尔草原众阳房车营地	昆明市 Gowo 五甲塘房车体验营地
霍林郭勒市可汗山自驾游露营地	昆明市海子房车禄劝连锁体验营地
鄂尔多斯市努德乐庆露营地	丽江市云居客雪山玫瑰庄园房车营地
扎兰屯市金龙山汽车营地	大理市朴田房车度假营
巴彦淖尔市本巴图大本营	大理市地热国温泉旅游度假景区
	曲靖市罗平航空房车国际露营地

续表

贵州省	西藏自治区
遵义市苗夫 318 自驾游营地	林芝县古乡国际露营地
贵阳市三头驴房车营地	新疆维吾尔自治区
贵阳市息烽国际汽车露营地	伊犁黑蜂产业房车露营地
贵阳市苏格兰牧场露营地	乌鲁木齐市阳光丝绸之路房车营地
青海省	海南省
海北州达玉部落国际露营地	琼中县奔格内什寒露营地
西宁市交通自驾车营地	三亚市好运通鹿宝山庄房车自驾车露营地
西宁市晋家湾自驾车露营地	
西宁市常玲土族民俗园汽车露营地	
西宁市西乡趣农耕文化生态园	

附录3 城市游憩中心地型房车营地列表

北京市	河北省
北京汇通诺尔狂飙乐园汽车（房车）露营地	秦皇岛市北戴河乐途房车营地
港中旅密云南山房车小镇	秦皇岛市碧螺塔房车露营地
北京房车博览中心·房车公园	石家庄市卡尔文自驾车房车体验营地
北京长子营祥发国际汽车露营伊甸园	张家口市官厅公共艺术小镇
北京后花园天地行房车示范基地	唐山市丰润区乡居假日营地
北京北人户外文化产业园房车展示培训基地	山西省
迷你酷房车乐园	忻州市云中河自驾车房车露营地
日光山谷营地乐园	辽宁省
上海市	沈阳市东北冰雪房车营地
上海西岸营地	大连市金石滩黄金海岸国际汽车露营地
上海北外滩毅宏乐邑郡房车营地	大连市银泰银沙滩房车营地
上海市青浦区淀山湖露营地	大连市港中旅（长海）房车露营地
上海联怡枇杷生态园	大连市安波房车营地
上海邻家露营地	大连市旅顺星光海滩房车营地
天津市	葫芦岛市银泰水星海洋乐园
天津武清北运河郊野公园房车露营地	吉林省
天津龙源马术俱乐部房车露营基地	延吉市中国朝鲜族民俗园露营地
中新天津生态城生态公园房车露营地	黑龙江省
天津市光合凯平汽车露营地	伊春市小兴安岭户外运动谷
天津东疆艾威国际房车海滨露营地	伊春市风情汽车小镇
重庆市	穆棱市花海火车主题度假自驾营地
璧山秀湖汽车露营公园	福建省
重庆客乐得园博园房车营地	厦门市大云房车露营基地
冷水服务区的生态旅游自驾营地	厦门市中尚房车公园酒店

续表

厦门市奥蓝途双鱼岛房车度假营地	宁波市象山松兰山滨海旅游风景区露营地
福州市牧家松谷房车度假营	杭州市天禄（休博园）房车营地
南安市灵应寺旅游区露营地	杭州市千岛湖房车露营地
江西省	杭州市满天星·湘湖房车公园
南昌市季候风房车城市露营体验公园	杭州市鸬鸟房车露营公园
陕西省	海宁市盐官芳草青青房车营地
西安市白鹿之隐温泉房车营地	台州市蜂巢网房车宿营地
宝鸡市逸景太白山温泉别墅营地	安徽省
江苏省	芜湖市龙山房车露营体验公园
南京市半城·大山房车度假区	黄山市齐云山服务区汽车营地
南京市巴布洛生态谷房车营地	湖南省
南京市半城涵田房车度假	长沙市橘子洲沙滩公园房车露营地
南京市花嬉谷房车露营基地	山东省
南京市行者房车公社	日照市阳光海岸露营公园
苏州市太湖一号房车露营公园	济南市乐沃自驾营地
苏州市盱眙国际房车露营基地	烟台市幸福海汽车宿营地
常州市茅山宝盛园房车营地	青岛市宝龙房车公园
盐城市大纵湖绿丘露营基地	青岛市金沙滩蓝凤凰汽车（房车）露营地
镇江市圌山露营地	河南省
镇江市金山湖国际房车露营地	信阳市大别山露营公园
仪征市红山体育公园露营地	南阳市老界岭国际房车小镇
徐州市督公湖航空飞行营地	郑州市五洲行露云娜美房车露营地
无锡远景太湖十八湾户外拓展露营基地	湖北省
浙江省	荆门市飞行家国际房车露营地
宁波市杭州湾跨海大桥南岸服务区营地	襄阳市福恩牡丹汽车营地
宁波市小隐上水国际房车度假基地	咸宁市海狼行梓山湖汽车露营公园
宁波市慕云恺撒溪口房车露营地	武汉市云雾山汽车旅游营地

续表

赤壁市龙佑温泉度假区房车花园	凉山州民族文化艺术中心汽车露营地
广西壮族自治区	遂宁市中国死海风景区尚旅露营地
桂林市阳贝格凯姆·阳朔房车露营公园	甘孜州稻城桑邓祝巴·亚丁自驾游营地
桂林市七星宏晨房车体验中心	云南省
广东省	昆明市海子房车春城高尔夫体验营地
广州市艺谷庄园房车露营基地	昆明市中国兵器房车温泉中心
广州市茂名（中国）第一滩海滨音乐营地	昆明市滇池睡美人房车营地
广州市乌托邦汽车营地	昆明市世博房车时光·行云轩轩房车营地
深圳市尚家房车露营公园	丽江市红色吉普房车营地
深圳市香蜜湖百姓通房车营地	大理市兰林阁白塔邑房车营地
惠州市巽寮湾老嬉皮68号房车露营地	大理市速九房车露营地
漳州市奥蓝途（双鱼岛）房车度假营地	大理市洱海兰林阁房车营地
东莞市鹅夷山房车露营地	玉溪市Gowo澄江明星鱼洞房车营地
东莞市华阳湖盆景房车营地	西双版纳南腊河户外营地
甘肃省	西双版纳曼掌房车营地公园
天水市南山云端体育露营公园	贵州省
金昌市北海子沙枣林国际露营公园	六盘水市六枝318营地
张掖市国际露营基地	安顺市黄果树房车营地
张掖市沙漠公园房车度假营地	黔西南州贞丰三岔河国际露营基地
敦煌市敦煌山庄房车营地	黔南州荔波大七孔房车营地
内蒙古自治区	青海省
呼和浩特市清风房车营地	海南州宽河驿马（青海湖）国际房车露营地
鄂尔多斯市无际草原狼沙漠房车营地	海南州莫热云端牧场房车自驾露营基地
四川省	海南州青海湖二郎剑景区房车宾馆
成都市天际线（三圣花乡）房车露营地	宁夏回族自治区
成都市蒲江妙音湖房车营地	吴忠市盐池花马湖房车露营地
阿坝州西部牧场露营地	

续表

新疆维吾尔自治区	海口市中天行假日海滩露营地
克拉玛依市独山子冰峰自驾露营地	海口市火山谷越野汽车运动公园
海南省	琼海市睿蜗房车琼海营地
海口市白沙门公园房车露营地	

附录 4　生态敏感区型房车营地列表

北京市	河北省
北京京东老泉山野公园房车营地	张家口市仙露湖湿地景区营地
蒲洼花台高山汽车露营公园	张家口市尚义鸳鸯湖国际房车营地
北京怀柔怀北国际汽车露营地	保定市白石山国际房车自驾车营地
北京延庆五指山汽车露营地	秦皇岛市野途房车桃林口营地
北京清水河湾野奢度假房车小镇	邢台市九龙峡自驾车房车露营地
北京平谷"桃花深处"汽车营地	邢台市大峡谷景区房车营地
北京密云区丛林鸟户外休闲营地	石家庄市沙湖湿地主题露营公园
水岸桃源房车露营基地	唐山市曹妃甸丰和房车营地
北京红栌银山国际汽车露营地	承德市坝上汽车营地
上海市	山西省
东平国家森林公园房车露营地	晋中市百草坡房车露营地
上海海湾房车露营地	太原市尖草坪区崛山景区房车营地
天津市	辽宁省
天津怡园温泉酒店房车营地	沈阳市棋盘山房车营地
天津蓟县下营镇山野运动基地	大连市金石滩蓝莓谷庄园房车营地
大唐湿地乐园营地	大连市金石滩森林汽车露营地
重庆市	大连市长海丽莎国际酒店
重庆巫溪县红池坝自驾车露营地	本溪市梦幻谷汽车露营地
重庆四面山汽车影院露营地	本溪市大石湖房车露营基地
重庆綦江花坝露营地	吉林省
重庆安居黄家坝湿地公园露营地	白山市露水河国际狩猎场露营地
重庆玉峰山客乐得房车露营地	珲春市珲春沙丘公园露营地
重庆羊鹿山房车营地	通化市白车轴度假露营基地
重庆黑山谷龙鳞石海汽车露营地	延吉市长白山戏冬游乐景区房车自驾营地

续表

图们市日光山露营地	扬州市途居露营地
辽源市鹭鹭湖湿地露营公园	徐州市茱萸养生谷自驾游房车露营地
长春市净月潭森林露营地	大丰市中华麋鹿园自驾游营地
磐石市鹭鸶湖汽车自驾运动营地	泰州市溱湖绿洲露营地
黑龙江省	镇江金山湖国际房车露营地
绥芬河市中俄绥芬河自驾游营地	**浙江省**
牡丹江海林市雪乡众阳房车酒店	杭州市西溪蜗牛房车营地
双鸭山市千鸟湖汽车露营地	宁波市溪口徐凫岩房车度假营
哈尔滨市阿城龙鸿山庄	宁波市东钱湖房车露营基地
伊春好运通花果山自驾车房车露营地	绍兴市千丈幽谷露营基地
黑河市五大连池火山堰塞湖房车露营地	**安徽省**
福建省	黄山市途居黄山房车露营地
漳州市火山岛房车营地	阜阳市太和沙颍河汽车露营地
南平市武夷山自驾游营地	安庆市天柱山房车露营村
泉州市志闽大龙门汽车露营地	池州市九华山自驾游汽车营地
南安市天柱山旅游区露营地	黄山市打鼓岭房车营地
江西省	巢湖市东庵森林公园露营地
上饶市三清山华闽大云房车度假营	**湖南省**
南昌市逸景南昌神龙潭竹海别墅营地	长沙市板仓国际露营基地
宜春市靖安三爪仑景区自驾车房车露营地	长沙市龙凤国际露营基地
陕西省	长沙市浏阳大围山树栖·星之营地
华阴市华山自驾游房车露营地	张家界市天门山国家森林公园老道湾露营地
西安市秦岭一号国际房车露营地	**山东省**
安康市中坝大峡谷中欧奔驰房车营地	潍坊市白浪河露营地
宝鸡市关山牧场·房车营地	烟台市昆嵛山房车营地
江苏省	济宁市曲阜石门山自驾车露营地
宿迁市大河云天房车露营地	济宁万紫千红国际汽车露营地

续表

日照市蓝海 1 号露营公园	云南省
河南省	昆明市 Gowo 五甲塘湿地房车体验营地
洛阳市小浪底（承大山庄）房车自驾车营地	玉溪市磨盘山国家森林公园
郑州市诺优房车黄河湿地露营公园	玉溪市海子房车澄江连锁体验营地
湖北省	玉溪市 Gowo 澄江明星鱼洞房车营地
宜昌市三峡国际房车露营地	曲靖市师宗菌子山风景区露营地
恩施州三特坪坝营原生态休闲露营地	怒江傈僳族自治州高黎贡山汽车露营地
广西壮族自治区	文山州 Gowo 普者黑大湾子露营地
贺州市姑婆山国际自驾车营地	贵州省
广东省	黔南州荔波茂兰国际生态汽车营地
深圳市东山珍珠岛营地	六盘水市乌蒙大草原故艾蒙帐篷营地
甘肃省	青海省
酒泉市东风胡杨林露营公园	西宁市莫热群加房车自驾露营基地
敦煌市漠葛沙漠露营基地	海东市互助营苑自驾车营地
陇南市宕昌官鹅沟国家森林公园大河坝汽车露营地	海西州格尔木市沱沱河 318 营地
天水市桃花沟森林公园自驾营地	海北州青海湖鸟岛九号露营地
内蒙古自治区	海北州冰沟林海汽车露营地
包头市黄河国际露营地	宁夏回族自治区
呼伦贝尔市大兴安岭房车/自驾车露营基地	中卫市金沙海房车营地
兴安盟阿尔山国家森林公园鹿鸣湖露营地	中卫市沙坡头房车营地
赤峰市黄岗梁国际休闲旅游度假区	石嘴山市沙湖自驾游汽车露营地
四川省	吴忠市哈巴湖生态景区
广元市米仓山 318 营地	西藏自治区
什邡市冰川京什房车露营地	昌都市芒康拉乌山国际自驾游营地
乐山市峨眉半山七里坪汽车营地	林芝县然乌湖国际自驾与房车营地
雅安市宝兴东拉山房车营地	新疆维吾尔自治区
成都市都江堰自驾游营地	克拉玛依市 318 营地
泸州市黄荆老林汽车露营地	乌鲁木齐市天山大峡谷景区房车营地
西昌市邛海湿地营地	